CÓMO SER EXITOSO SIENDO TÚ MISMO

Título original: *How to Be Successful by Being Yourself*
Dirección editorial: Marcela Aguilar
Edición: Gonzalo Marín y Thania Aguilar
Traducción: Víctor Uribe
Coordinación de diseño: Marianela Acuña
Diseño: Cecilia Aranda

Publicado originalmente en Gran Bretaña en 2016 por John Murray Learning,
un sello de Hachette UK Company.

México: Dakota 274, colonia Nápoles
C. P. 03810, alcaldía Benito Juárez, Ciudad de México
Tel.: 55-5220-6620 • 800-543-4995
e-mail: editoras@vreditoras.com.mx

Argentina: Florida 833, piso 2, oficina 203
(C1005AAQ) • Buenos Aires
Tel.: (54-11) 5352-9444
e-mail: editorial@vreditoras.com

Primera edición: febrero de 2020

ISBN: 978-607-8712-21-2

Impreso en México en Litográfica Ingramex, S. A. de C. V.
Centeno No. 195, Col. Valle del Sur, C. P. 09819
Alcaldía Iztapalapa, Ciudad de México.

David Taylor

CÓMO SER EXITOSO SIENDO TÚ MISMO

LA SORPRENDENTE VERDAD SOBRE CÓMO CONVERTIR EL MIEDO Y LA INCERTIDUMBRE EN CONFIANZA Y ÉXITO

EDITORAS

Este libro es para ti,
porque lo único que necesitas ser
es ser tú mismo,
tal como eres.

A mi hija Olivia. La siguiente conversación sucedió cuando ella tenía cinco años y estaba a punto de irse a dormir:

YO: El mayor misterio de la vida es descubrir quién eres en realidad…

OLIVIA: Mami, ¡papi me está asustando otra vez!

ÍNDICE

CONSEGUIRÁS UNA PAZ QUE TAL VEZ LLEVAS MUCHO TIEMPO BUSCANDO

O QUE QUIZÁ NUNCA HABÍAS EXPERIMENTADO ANTES.

VERDAD 1

SOLO SE TRATA DE TI

¿Alguna vez has sentido que tu vida es una interminable montaña rusa de ocupaciones o has pensado en las muchas otras cosas que te gustaría lograr si tan solo pudieras darte un tiempo para ti, para estar en calma, relajado y con nuevas energías?

¿Te gustaría controlar tu vida, es decir, cómo te sientes, qué piensas y qué haces, en lugar de sentir que tus emociones, pensamientos y acciones son controladas por otras personas, situaciones externas y por tus propios e indeseables pensamientos negativos?

¿Alguna vez te has planteado las preguntas que de verdad importan: "quién soy, qué hago aquí y cuál es el sentido de la vida"?

Si respondiste que "sí" a alguna de ellas, este libro es para ti, seas quien seas, sin importar la situación y el momento en que estés leyendo esto. Las tres preguntas anteriores son enormes, atrevidas y valientes. Por eso, en ese mismo sentido, te comparto una frase que es el pilar que te permitirá alcanzar lo quieras en la vida, sin importar qué elijas: "No importan tu pasado, tu educación, tus esperanzas, sueños y temores, todo lo que necesitas para conseguir lo que quieres en la vida ya está dentro de ti".

En pocas palabras: no hay nada "malo" en ti. Y ahora que hemos quitado eso del camino, puedes dedicarte a responder las tres preguntas anteriores, a cumplir tus sueños más queridos y a ayudar a que otros también lo consigan.

De seguro en tu vida ha habido momentos en los cuales te dijeron que estabas en lo cierto o equivocado, que eras bueno o eras malo, o que podías o no podías hacer algo. Desde luego, solo se trataba de opiniones. El único hecho indiscutible acerca de ti es el siguiente: *eres*. Eres tú, igual que siempre lo has sido. Eras tú desde el día en que naciste, lleno de infinitas posibilidades. Y en este momento sigues siendo tú. Y eso es lo único que necesitas ser.

Básicamente, todos buscamos lo mismo: cumplir la promesa de nuestros primeros segundos de vida y asegurarnos de no cargar remordimientos en los últimos. No importa quién seas, dónde estés o lo que estés pensando en este instante, ten en cuenta lo siguiente:

LA FELICIDAD, EL ÉXITO Y LA REALIZACIÓN ESPIRITUAL PUEDEN SER TUYOS. DE HECHO, LO SERÁN CUANDO APRENDAS CÓMO CONSEGUIRLOS.

Y aunque es verdad que todos necesitamos ayuda en distintos momentos de nuestra vida, la mayor parte del tiempo lo único que precisamos es saber cómo ayudarnos a nosotros mismos.

Este libro te enseñará cómo deshacerte de esa voz interior que te hace dudar, de tus temores y de todo lo que te frena en la vida, para sustituirlos por una mayor confianza, felicidad y libertad. Además, te ayudará a liberar el poder, el potencial y las posibilidades ilimitadas que se encuentran encerradas en tu interior.

Puede que incluso llegues a dudar de si esto es siquiera posible. Por ejemplo, quizá cuando leíste la frase "todo lo que necesitas para conseguir lo que quieres en la vida ya está dentro de ti" lo primero que pensaste fue "de acuerdo, entonces quiero caminar en la luna sin oxígeno, volar sin alas, teletransportarme o algo por el estilo". Y como estas cosas todavía son imposibles, concluiste que si no puedes conseguir una cosa, entonces no puedes conseguir nada. Ese es un pensamiento muy frecuente ante lo que acabo de escribir y creo que se debe a que tenemos un miedo mayor que el temor al fracaso.

Nuestro mayor miedo es el éxito, la idea de que podemos lograr mucho más en nuestra vida. La idea de que podemos alcanzar los sueños, resultados y ambiciones que hoy superan nuestra imaginación. Eso es lo que en realidad nos asusta, porque dichos logros y éxitos nos resultan completamente desconocidos. Y no nos gusta lo desconocido. Así que continuamos con nuestro confort incómodo, llevando nuestra vida igual, pero a sabiendas de que podemos alcanzar mucho más y que también podemos ayudar a que otros hagan lo mismo.

Nos da miedo el éxito. Y es así como inventamos una enorme mentira en torno a nosotros mismos y decimos que nos falta algo. Pero no es cierto. Piensa ahora en un miedo que tengas y deja que te invada mientras lees el texto a continuación:

Cuando te des cuenta de que no te falta nada, entonces lo encontrarás todo; dejarás de sentirte perdido y te habrás *encontrado*. Y mientras entiendas la magnitud de lo que esta palabra significa para ti y entiendas que forma parte de tus dones, tu entendimiento y tus decisiones, notarás que estos pensamientos quizás estén teniendo un tremendo efecto positivo e inmediato en tu energía, tu bienestar y tu vida. Ahora mismo.

Esa es la promesa de este libro. Lo que te toca a ti en realidad es muy fácil: solo tienes que leerlo. Eso es todo. Verás que los resultados son rápidos, duraderos y extraordinarios, y que los conseguirás con un mínimo de esfuerzo, energía y dificultad.

A fin de cuentas, tu vida nunca estuvo destinada a ser tan complicada. Por eso, no tendrás que pasar todo el día repitiendo afirmaciones positivas o aprendiendo nuevos y complicados conceptos relacionados con el mundo de la psicología, el cuerpo y el espíritu, ni tampoco tendrás que hacer algo tan drástico como recluirte en un monasterio o un convento.

NO TIENES QUE ABANDONAR TU VIDA PARA REDESCUBRIR CÓMO VIVIRLA.

Conseguirás una paz que tal vez llevas mucho tiempo buscando o que quizá nunca habías experimentado antes. Porque leer te relajará y te ayudará a descubrir de qué se trata este asunto del *mindfulness*, pero no en la teoría sino probándola directamente. Te compartiré las técnicas más sencillas, efectivas y poderosas.

Al leer este libro silenciarás la voz interior que te hace dudar, crecerá tu seguridad y tendrás una mayor sensación de tener el control de tu tiempo, tus decisiones y tu vida, para que reclames tu derecho natural de vivir como un ser humano y no como una máquina.

Un *ser* humano. Pero la vida nos ha condicionado a ser máquinas humanas. Con esto quiero decir que nos la pasamos corriendo de un lado a otro, siempre con el tiempo encima, y pareciera que la vida se vuelve más vertiginosa mientras nosotros sentimos que debemos hacer más y más y más. Para acabar con esto de una vez por todas, este libro promete lo siguiente, además de garantizar que obtendrás un mayor éxito, según tu propia definición de esa palabra.

- Compartir tips y técnicas garantizadas, potentes y prácticas que puedes llevar a cabo enseguida para que veas resultados inmediatos.

- Evitar las exageraciones, el lenguaje complicado y el misterio que rodea al porqué haces lo que haces, al porqué piensas lo que piensas y a tu propia psicología.

- Dirigirse a ti como ser humano, no a quien crees que eres o a la idea que los otros tienen de ti. Se dirige a la persona que eres en realidad.

Entrar en confianza (no en pánico)

Para ayudarte a cumplir con estos propósitos, en el libro encontrarás texto resaltado en color turquesa (como el de esta página) pensado especialmente para ayudarte a tener mayor seguridad, enfoque y calma con solo leerlo. Para que alcance su máximo impacto positivo, por favor lee las palabras con mucha lentitud, cuidado y atención. Léelas en voz baja para ti mismo, con tono calmado, cálido y afectivo, con la entonación que usarías para hablar con un niño pequeño. Haz la prueba con el siguiente ejemplo:

Entre más consciente seas de estas palabras y de los espacios que hay entre ellas, más te darás cuenta de cómo tu mente puede empezar a relajarse y extenderse poco a poco. Puede que también notes que tus inhalaciones y exhalaciones son más lentas, profundas y naturales, y cómo con cada respiración eliges sentirte más en calma, relajado y en paz.

Bienvenido a este libro tan personal y práctico, escrito desde una perspectiva completamente nueva: la tuya. Como tu éxito te pertenece a ti y a nadie más, pues tú lo defines, te apropias de él y lo construyes, vas a sentir que esto fue hecho especialmente para ti.

A TI TE CORRESPONDE DECIDIR QUÉ SIGNIFICADO LE DAS AL ÉXITO Y ELEGIR QUÉ HACER PARA CONSEGUIRLO.

Por eso quizá llegues a sentir que estas páginas son un diálogo entre tú y yo, sin que nadie más intervenga. Como si estuviera escribiendo, hablando y comprometiéndome contigo y tú hicieras lo mismo.

Tal como está ocurriendo en este momento.

La fórmula del éxito

Esta fórmula es significativa, científica y sencilla.

- **Significativa:** no se trata de nada nuevo. Es lo mismo que cualquier otra fórmula del éxito, con la diferencia de que la despojé de exageraciones, lenguaje complicado y misterio. Además, se puede aplicar a lo que sea y en donde sea.

- **Científica:** es la definición precisa de lo que funciona y se demuestra de la forma más rigurosa que hay: ¿te funciona de acuerdo con los criterios que estableciste, en el mundo real y todas las veces?

- **Sencilla:** es clara, concisa y convincente. Sin embargo, sencillo rara vez significa lo mismo que fácil. Por ejemplo, aunque metafóricamente sea muy sencillo levantarnos cada que la vida nos derriba, no es fácil continuar haciéndolo. Entonces, la fórmula es sencilla, pero no simplista.

La fórmula del éxito también es una vía, un camino, un recorrido y una aventura de regreso a lo que alguna vez supiste y quizá olvidaste. Es regresar al momento cuando tus sueños y pasiones eran ilimitadas y tenías toda tu vida por delante, tal como ocurre ahora. Y es volver a recordar quién eras y quién vas a ser nuevamente. Vas a revivir, a despertar y a recordar una verdad muy sencilla que con los años quedó enterrada debajo de todos los "hubiera", "podría" y "tendría".

El significado que el éxito tiene para ti nunca es aleatorio. Siempre responde a un proceso exacto, demostrado y repetitivo. Ya que cada vez que reafirmas esta definición sigues el mismo proceso, lo has seguido desde tu nacimiento hasta este mismo instante, y lo seguirás haciendo por el resto de tu vida.

El proceso consta de cuatro pasos que se muestran en el siguiente esquema.

La fórmula del éxito

Adónde quieres ir

Podrías llamarlo tu sueño, tu destino, tu objetivo final o tu resultado. No importa. Lo que importa es que es tuyo y tú decides lo que es. Responder la siguiente pregunta puede ayudarte a definirlo. Imagina que no hubiera posibilidad de fracasar: ¿qué harías?

Para tener mayores posibilidades de encontrar la respuesta, sigue los siguientes pasos:

1. **Enfócate en lo que quieres, no en lo contrario.** Por ejemplo, "quiero ser feliz" es más útil que "no quiero estar triste".

2. Separa el "qué" del "cómo". Ya que tengas un "qué" tu voz interna preguntará "cómo". Y puede que no lo sepas. Para mantener viva tu respuesta, ambición o sueño, es fundamental que solo te concentres en el "qué".

3. Enfócate en el resultado. De ese modo siempre serás consciente de tu avance conforme recorres los pasos de la fórmula, usando las técnicas descritas en este libro.

Dónde te encuentras ahora

Sé la mejor versión de quien eres ahora.

Incluso aunque parezca una frase poco común, mientras leías "sé la mejor versión de quien eres ahora" te diste cuenta de que quizá puedes ver e imaginar una versión ligeramente más segura de ti mismo. Pudo haberte sucedido mientras leías esto, aunque también puede llevarte un poco más de tiempo.

Para ayudarte a conseguir lo que buscas, quizá algunas personas te digan que debes ser más de lo que has cambiado. Tal vez otros te motiven a ser la mejor versión que puedes ser. En cambio, yo te invito a hacer algo muy distinto:

ELIGE SER MEJOR DE QUIEN ERES AHORA.

Viniste al mundo solo con dos temores naturales: el miedo a caerte y el miedo a los ruidos fuertes. Ambos ya los has superado antes. El primero cuando aprendiste a caminar y el segundo en tu adolescencia. Eso quiere decir que cualquier miedo, preocupación e incluso fobias que tengas en el presente las inventaste, literalmente las construiste en tu mente. Eso significa que, con las herramientas adecuadas, también puedes acabar con esos miedos en el momento que quieras. Pronto te darás cuenta.

Por favor, piensa en un sentimiento que estés experimentando ahora mismo, pero que no quieres en tu vida. ¿Notaste que con solo leer lo anterior, palabra a palabra, dicho sentimiento comenzó a reducirse, a disolverse y a desaparecer?

Ser la mejor versión de quien ya eres ahora quiere decir que vas a concentrarte en lo que puedes hacer y no en lo contrario. Lo que puedes hacer es extraordinario, sorprendente y quizá supere las más locas fantasías que tienes en el presente. Y con la ayuda de este libro te darás cuenta de que todo es posible.

Qué tienes que hacer para llegar a donde quieres

Jamás podrás superar tus miedos, preocupaciones e infelicidad si te aferras a la mentalidad que las creó. Tampoco alcanzarás tus sueños, objetivos y felicidad si conservas la misma mentalidad que te impidió actuar en el pasado. Esa mentalidad es la que te llevó a buscar respuestas fuera de ti mismo.

TIENES QUE DEJAR DE BUSCAR LAS RESPUESTAS FUERA DE TI Y, EN SU LUGAR, DEBES EMPEZAR A HALLARLAS EN TU INTERIOR.

Vencer tus miedos y vivir la vida para la que estás destinado solo puede ocurrir si transformas tu manera de pensar, si modificas cómo sientes y cómo vives. Esa es la razón por la que el libro está escrito de esta forma, para que puedas conocer, elegir y cambiar tu mentalidad. Estar consciente de que aquello que buscas en el exterior en realidad ya lo tienes dentro ti, justo ahora. Se trata de transformarte regresando a ti mismo, ¿no es genial?

¡Hazlo!

Con solo hacer algo, cualquier cosa, tu cerebro, mente y memoria se reprograman para que seas más propenso a repetirlo una y otra vez. Y si lo haces tres veces, entonces se convertirá en un hábito. Así que cuando realices lo que se propone en este libro, por favor pregúntate: "¿lo que estoy haciendo ahora me acerca o me aleja aún más del resultado que busco?". Si te acerca, entonces repítelo; pero si te aparta, entonces haz otra cosa y sigue probando distintas opciones hasta que te aproximes y logres el resultado que quieres.

O bien, date por vencido. Lo que sea que elijas será tu decisión. Puedes elegir detenerte o levantarte de nuevo y hacer algo distinto.

En el fondo es lo que siempre has sabido: si actúas de la misma forma, tu resultado invariablemente será igual. Así aprendiste a caminar, así es como aprendes cualquier otra nueva habilidad. Y, si te decides a serlo, puedes continuar siendo tan ágil y adaptable como entonces, sin importar tu edad.

¿Cómo leer este libro?

Comienza por el principio, continúa hasta el final y luego detente. Y conforme vayas leyendo, debes estar consciente de que cualquier cosa que pienses, sientas y creas está bien.

TIENES CAPACIDADES, FORTALEZAS, TALENTOS Y PASIONES QUE FORMAN PARTE DE TI. ESTÁN EN LO MÁS PROFUNDO DE TU SER AGUARDANDO A QUE LAS LIBERES.

Cuando por fin las dejes salir, te sorprenderán. Lo único que necesitas para sacarlas de su prisión es la combinación correcta. Es como si tus capacidades estuvieran en una caja fuerte, en tu propia caja de seguridad, privada, personal y blindada. No importa qué tan complicada creas que es la combinación, cuando la conozcas y la uses, la caja se abrirá.

Tiene que funcionar y lo hará. Este libro es la combinación exclusiva para ti. Y cuando logres abrir la cerradura, dejarás de sentirte perdido. Por fin te encontrarás.

Tu psicología

Los expertos continúan estudiando, aprendiendo y discutiendo cómo funciona nuestro cerebro. El consenso general reconoce que hay más cosas que ignoramos acerca de él de las que en realidad sabemos.

Por mi parte, llevo muchos años obsesionado con aprender lo que sí sabemos, para luego intentar simplificarlo a tal punto que lo pueda entender un niño de diez años, un golden retriever y yo, que soy el menos inteligente de los tres. Más tarde busco compartirlo con el mundo, para que las personas puedan aplicar este conocimiento para ayudarse a sí mismas y a otros.

Por lo tanto, escribí este libro basándome en lo que sí se sabe. Y cuando despojas este conocimiento de toda teoría, lenguaje especializado y misterio, se reduce a tres ideas centrales:

- El cerebro existe para mantenernos con vida, para permitirnos sobrevivir, y lo consigue tomando decisiones a gran velocidad con el fin de guardar energía. En lugar de la palabra *presentimiento*, lo correcto sería hablar de un *prepensamiento*.

- Debido a lo anterior, el cerebro ama, ansía y adora la simplicidad.

- El cerebro consta de dos partes: la mente consciente y la subconsciente. Por supuesto, hay otras partes, con otros nombres, que los psicólogos siguen discutiendo, sin ponerse de acuerdo.

Me parece que no tiene sentido escribir con tanta complejidad, teorías y diferentes conclusiones acerca de algo que florece en la simplicidad. De hecho, ¡es probable que el cerebro ni siquiera entienda lo que se escribe acerca de él! Es por eso que en estas páginas voy a simplificar de forma radical la explicación de este órgano: de tu cerebro, el mío y el de todos los demás.

La mente consciente y la inconsciente

La siguiente frase la escribo con el debido respeto a todos esos autores altamente calificados cuya gran cantidad de libros he leído y cuyas larguísimas palabras no entendí: cada uno de nosotros tiene una mente consciente y una inconsciente.

En la *mente consciente* tienen lugar tus pensamientos despiertos, un promedio de 20 por minuto. Esta mente es tu protectora lógica y escéptica, y es adquirida. Tú eres quien se ha encargado de desarrollarla desde que naciste. Suelen referirse a ella como el *ego* y es el término que utilizaré de ahora en adelante.

Tu *mente inconsciente* tiene miles de millones de pensamientos. Digamos que es ilimitada. Es la amiga emocional y amorosa con la que naciste: es tu naturaleza. Esta mente dirige tu vida de forma inconsciente, pues no podrías funcionar si tuvieras que ser consciente de todo lo que necesitas hacer, si tuvieras que procesarlo y estar atento todo el día. A esto se le suele llamar el *sí mismo* y es el término que usaré a partir de ahora.

- **Ego = mente consciente = adquirida:** parte del cerebro o la mente que desarrollas desde tu nacimiento.

- **Sí mismo = mente inconsciente = natural:** parte del cerebro o la mente con la que naciste.

Cada una de ellas tiene su voz particular:

La *voz de tu ego* es la que conversa contigo todos los días. Para mantenerte a salvo es probable que a menudo te diga lo que está mal contigo, lo que no deberías hacer, y crea un sentimiento general de infelicidad. La voz del ego es ruidosa, desagradable y juzga todo el tiempo.

La *voz del sí mismo* es completamente distinta y el ego suele silenciarla. Cuando habla, en un susurro te dice lo bueno que eres, lo que puedes lograr y hacer y crea una sensación general de felicidad. La voz del sí mismo es callada, amable y amorosa.

Los psicólogos e investigadores han discutido por años cuál de las dos es la más importante: la consciente del ego o la inconsciente del sí mismo. Más tarde, descubrieron algo que volvió intrascendentes dichas discusiones. Fue un hallazgo que dio un impulso mayúsculo a nuestro entendimiento de la mente humana, de tu mente, y su funcionamiento. Lo que descubrieron fue lo siguiente:

AQUELLO QUE CREES EN EL NIVEL DEL EGO (EN OTRAS PALABRAS, TODO LO QUE CONSIDERAS VERDADERO) TU MENTE INCONSCIENTE LO HACE REALIDAD.

¿Crees que tienes buena memoria?

- Si respondiste que sí, probablemente te vas a dar cuenta de que puedes recordar las cosas.

- Si tu respuesta fue no, posiblemente notes que las olvidas.

- En ambos casos, estás en lo correcto.

Por desgracia para nosotros, el mismo proceso ocurre cuando pensamos en algo que no queremos. Es decir, cuando no quieres pensar en algo, terminas haciéndolo. Justo ahora, mientras estás leyendo esto, trata de no pensar en un enorme elefante rosa, con una larga cola que se mece de un lado a otro.

No puedes evitarlo. ¿Te diste cuenta?

¿Te has preguntado por qué los niños desobedecen casi de inmediato cuando les dices de manera clara y rotunda "no toques el plato porque está caliente"? Es porque les dijiste que lo hicieran. Es imposible no pensar en algo, porque para ello tienes que hacerlo...

La moraleja es ten cuidado con lo que piensas. Si te concentras en lo que no quieres, obtendrás exactamente eso: es un círculo vicioso. Sin embargo, si te enfocas en lo que sí deseas, eso será lo que conseguirás: es un círculo virtuoso.

Entonces, ¿para lograr los cambios que buscamos en nuestra vida, la mente consciente debe creer que son verdaderos? La respuesta es *a veces*. En este libro encontrarás tips, herramientas y técnicas que te ayudarán a conseguirlo. No obstante, en muchas ocasiones no basta con eso. Y ello se debe a que la mente del ego no se toma las cosas a la ligera solo porque sí. Debe estar seguro de que aquello en lo que va a creer es verdadero, está demostrado y es útil.

Por lo general, la gente no lleva a cabo cambios radicales en su vida solo porque así lo decidió al nivel de su ego. Si bastara con eso, todos podrían dejar de fumar, de beber o de hacer trampa en sus dietas y programas de ejercicio. En realidad, los cambios radicales en la vida deben ocurrir al nivel del sí mismo, del inconsciente.

La cuestión fundamental es que a todos nos impulsan principalmente nuestras emociones, lo que sentimos a cada momento. Cuando enfrentamos a la lógica contra la emoción, esta última siempre va a ganar. Podemos comprobarlo cuando nos disgusta o emociona una película (que no es real), cuando nos asustan las arañas (¿alguna vez te ha atacado alguna?), al preocuparnos por el pasado (es completamente ilógico, porque no lo podemos cambiar) o cuando le tememos el futuro (ya que aún no sucede). Y así podríamos seguir y seguir.

Y si se trata de comparar lo que te dicen y lo que crees, tus creencias van a ganar todo el tiempo.

POR ESO SOLO EN LA MENTE INCONSCIENTE PODEMOS CREAR UN CAMBIO DECISIVO, RÁPIDO Y DURADERO.

Sin embargo, las formas más efectivas para acceder al sí mismo son por medio de los sueños, la hipnosis y la meditación profunda. Quizá por eso no es fácil hacer cambios en la vida. Lo anterior provoca que la mayoría de la gente se sienta cómoda estando ligeramente incómoda. En el fondo las personas quieren cambiar, descubrir su propósito en la vida. Tal vez quieran descubrir el sentido de su vida, realizar lo que les apasiona internamente o revelar su verdadera personalidad. Quizá quieran ayudar a otros a acabar con un hábito o a enfrentar una fobia. Pero nunca lo harán porque no saben cómo… Hasta ahora.

La solución

La clave indiscutible para crear un cambio rápido, profundo y duradero es alinear las dos mentes (el ego y el sí mismo) como si fueran una sola, en armonía y colaboración. Para decirlo de otro modo, necesitas hablarles directamente a ambas partes de la forma en la que cada una prefiera. De esa manera el ego permitirá que el mensaje entre al sí mismo y, de forma simultánea, también creerá que lo que estás diciendo es cierto. Con ese filtro, el ego terminará creyendo que es verdad porque el sí mismo apoyará la idea. De modo que esta no solo se convertirá en verdad, sino que así se mantendrá.

Y eso es lo que busca este libro. Cada ejercicio práctico se diseñó con el objetivo de que la mente consciente y la inconsciente se alineen. Con cada actividad, se intenta convencer al ego de que confíe en lo que sugerimos, así le corresponde al sí mismo hacer el cambio y de esa forma se ancla permanentemente.

Descubrí esta técnica durante una extraña experiencia en Irlanda del Norte. Como soy un hipnotista experto, un líder empresarial me contactó porque buscaba tener más confianza en él. Cuando llegó a la sesión de hipnosis, se estaba terminando un sándwich, me quedaba claro que había bebido y solo tenía 30 minutos disponibles. Así que simplemente decidí que iba a hablar con él utilizando el mismo tipo de palabras, lenguaje y la forma de estructurar las oraciones que habría usado si lo hubiera hipnotizado.

Para mí era como andar a ciegas. Además, era muy extraño porque en lugar de tener frente a mí a alguien con los ojos cerrados, tenía a un hombre despierto y estresado que estaba comiendo un sándwich de queso.

Pero ¿adivina qué? Funcionó.

Es justo decir que no obtuvo el mismo resultado que si lo hubiera hipnotizado como esperaba. De hecho, funcionó mejor, mucho mejor. Por lo general, después del procedimiento, la persona muestra signos de confusión que suelen durar poco, pero aun así es una sensación incómoda. En este caso no se presentó.

Como resultado de ese incidente, decidí explorar aún más el hallazgo. Tras una larga investigación teórica, práctica y personal llegué a una técnica que me gusta llamar Persuasión predictiva. Esta consiste en saber cómo persuadirnos (y cómo persuadir a otros) éticamente de manera que resulte funcional y útil.

Eso te incluye, por supuesto.

Esta es la poderosa técnica que uso a lo largo del libro. Y, como ya mencioné, también se escribió de tal manera que tanto tu ego como el sí mismo podrán absorberla.

DICHO DE OTRO MODO, CON SOLO LEER EL LIBRO TENDRÁS UNA EXPERIENCIA POSITIVA, RELAJANTE Y DE CALMA.

Es mejor que sepas que este es un libro completamente manipulador, te manipulará para que encuentres la paz que quizá no has sentido en muchos años. Sin embargo, quiero ser muy transparente cuando lo haga y por eso empleo los textos destacados en turquesa, como los que encontrarás al final de esta página.

Tal vez pienses que tu ego ya quedó advertido, que ·tará en guardia, listo y a la espera de los textos desta- ·udos. Pero en realidad esto forma parte de la verdadera fortaleza de la técnica. En lugar de ocultarla subliminalmente, tu ego, cuya finalidad es ayudarte a su manera, estará enterado de lo que sucede. Es por eso que no tiene que ponerse a la defensiva. Se quedará en silencio, dará su permiso y simplemente dejará que las palabras, su sentido e impacto lleguen hasta el sí mismo.

Autoestima instantánea

Finge por un momento que tu autoestima es muy alta. Busca recordar una situación en la que sentiste mucha seguridad en ti. ¿Cómo te sientes al hacerlo? Cuando piensas en cómo te sientes al estar seguro de ti, puede que en cierta medida todo tu cuerpo de pronto experimente la misma confianza sin tener que esforzarse: se siente muy bien.

Esta armonía entre el ego y el sí mismo es muy importante porque tus dos mentes, la consciente y la inconsciente, están ahí para servirte.

El ego te protege del peligro y del miedo con el fin de ahorrar la energía de tu cerebro. Sin embargo, hace tan buen trabajo que termina sobreprotegiéndolo. Los verdaderos expertos de la mente me han dicho que esto viene desde la época en la que los humanos eran acechados por depredadores. Y según parece esa parte de nuestro cerebro que nos protegía de ellos sigue activa, pues ha pasado de una generación a otra y, bueno, continúa provocando que a la fecha nos preocupemos. Puede que esto sea de gran utilidad cuando nos topemos con un león (en la tienda, en el camión o simplemente por ahí), porque enseguida sabremos que debemos correr.

Pero como este miedo ya no es útil en el mundo moderno, esa parte de nuestro cerebro ha dejado de tener sentido. Entonces, ¿cuál es su función? Pues se ha inventado una. Y consiste en hacer que nos preocupemos mucho más de lo que deberíamos.

¿Cómo hacer que el ego pase los pensamientos al sí mismo?

Hay tres maneras para que el ego deje pasar los pensamientos al sí mismo: por medio de las creencias, el aburrimiento y los engaños.

Creencias

Cuando el sí mismo cree que algo es verdadero, y el ego coincide, en automático parecerá que es cierto.

ES DECIR, CUANDO CREES QUE ALGO ES CIERTO, VES EL MUNDO DE ESE MODO.

Por ejemplo, confíes o no en cierto político, en realidad no va a importar lo que diga o qué palabras use porque siempre va a reforzar tus creencias. Si te dan miedo las arañas, siempre vas a ver una antes de alguien que no les teme. Si compras un auto nuevo, de pronto vas a notar a las personas que conducen el mismo modelo que tú compraste, en especial si es del mismo color. Si decides mudarte, de repente vas a detectar todos los letreros de "en venta" afuera de las casas.

Aburrimiento

El ego es más que feliz cuando permite que el sí mismo se aburra. Por esa razón te desconectas cuando alguien está diciendo algo obvio. Te estás "salvando" de perder valiosa energía si escuchas algo que ni siquiera debería decirse. Y eso también explica por qué tanta gente sueña despierta en las juntas de trabajo y con las presentaciones de PowerPoint.

Engaños

El ego se desconecta cuando lee, escucha o ve algo que no entiende, a menos que sea algo emocionante.

Una persona, llamémosla Claire, puede entender las cosas de forma rápida y sencilla, en especial cuando cree que de hecho estás hablando sobre Mike. Como le mencioné a John, él me dijo que Michelle y Steve habían tenido una larga discusión con Eva, y ella respondió "Solo relájense y entren en un estado de calma profunda, ahora".

Tu ego se dio por vencido al tratar de entender las divagaciones sin sentido del texto anterior, se desconectó y eso me permitió darle al sí mismo una instrucción sencilla, clara e inmediata.

¿Estoy queriendo controlar tu mente? No, al contrario, la estoy liberando. Durante toda nuestra vida nos han controlado, persuadido y manipulado, pero este libro no pretende hacer lo mismo.

¿Quién nos manipula? Una cantidad incontable de personas:

- Nuestros padres, quienes se aseguraron de que escucháramos más la palabra *no* que la palabra *sí*, con lo cual nos volvimos maestros en saber lo que no podíamos hacer (y, por cierto, solo lo hicieron porque nos amaban).

- Nuestros profesores, que a menudo nos enseñaron qué pensar en lugar de cómo pensar.

- Nuestros amigos, de quienes aprendimos que el "éxito" requiere la aprobación de los demás.

Sobre todo, estamos influidos por la opinión popular que nos rodea, que nos dice cómo son las cosas. Consideremos la felicidad.

A TODOS NOS GUSTARÍA SER FELICES O SER MÁS FELICES.

Así que nos animan a salir a buscarla. De hecho, a menudo se considera que la felicidad es algo por lo que debemos luchar, quizá durante toda nuestra vida. Y lo único que logra esta visión es alejarla.

La felicidad se encuentra en tu interior. Ya estaba ahí desde el día en que naciste, está presente en cada momento y te acompaña justo ahora. Quizá puedes sentirla como un brillo cálido, relajante y equilibrado muy dentro de ti. Así que puedes dejar de buscar la felicidad en el exterior. Y si lo decides, puedes parar ahora mismo, y en este preciso momento ser feliz.

Todas estas influencias desembocaron en esa voz interna, o enferma, que te dice: "No eres suficiente". Lo que provoca que muchas personas tengan miedo de ser descubiertas, de no merecer el éxito, de sentir que son una especie de impostoras. A esto se le conoce como el *síndrome del impostor*, pero yo lo llamo el *fenómeno del impostor*, porque mucha gente lo padece. Una de las razones que tuve para escribir este libro fue justo ayudar a que las personas se deshagan de él. No para que aprendan a sobrellevarlo o arreglarlo, porque ¿cómo podrían arreglarlo si no hay nada "mal" en ellas?

Luego de muchos años descubrí cómo acabar con la voz del ego que te dice que no eres suficiente. Se quedará callada, se disolverá y desaparecerá. No se trata de control mental, sino de lo contrario. Se trata de que la mente elija y sea libre. Tendrás mayor control sobre ella, en lugar de que ella te controle. La única forma de controlar tu mente es liberarla.

Y eso es lo que estás a punto de lograr. El control mental solo funciona si crees que no eres suficiente y que te falta algo. En cambio, la libertad mental consiste en saber que eres suficiente tal como eres. Es la misma libertad que conociste el día de tu nacimiento.

Momento de reflexionar

Eres tú estés donde estés, ahora mismo, mientras lees esto. Puede que no te parezca una línea ni una oración ni diez palabras muy persuasivas.

Con eso en mente, por favor, léela de nuevo y, al hacerlo, quienquiera que seas, donde sea que estés y en el momento que estés leyendo esto, nota que podrías estar sintiéndote más en calma, relajado y en paz.

Eres tú estés donde estés, ahora mismo, mientras lees esto. Con solo leerlo sientes más calma, equilibro y confianza, respiras más profundamente y quizá tu pulso también se haya apaciguado. O tal vez solo te estás permitiendo fluir. Lo que sea que decidas, está bien.

Eres tú estés donde estés, ahora mismo, mientras lees esto. Por favor, vuelve a leer la oración y esta vez enfoca tu atención en cada palabra, en las letras que componen cada palabra y en los espacios de silencio entre ellas. Ahora nota cómo tus sensaciones de confort y relajación son más profundas. Respiras con mayor lentitud y tu ritmo cardiaco también se tranquiliza, a la vez que ahondas en tu sensación de paz con más y más plenitud, y disfrutas la experiencia a fondo.

¿Habías pensado en ti y en todos los que te rodean de esta manera? Es el tipo de información que parece imposible y, sin embargo, es tan contagiosa que podrías perderte pensando en ella. ¿Alguna vez te has preguntado qué se siente tener la gran fortuna de haber nacido y estar aquí? ¿Y notaste en este momento cómo te sientes afectuoso, relajado e inspirado?

VERDAD 2

NACISTE PARA SER TÚ

Seguramente has visto muchas veces la gran propuesta que hacen algunas librerías y tiendas en línea: "Piérdete en un libro". La verdad 2 te propone algo aún mayor: "No te pierdas en un libro, encuéntrate en él". Encuéntrate aquí.

¿Crees en los milagros?

Comencemos por definir qué es un milagro, aunque quizá prefieras la expresión "milagro mundano". Un milagro es un evento, acontecimiento o logro poco probable o extraordinario. Por lo menos esa parece ser la definición más común.

¿Para ti qué sería algo "poco probable" o "extraordinario"? ¿Uno en mil millones? ¿No es suficiente? ¿Qué tal uno en un millón de millones? ¿Sigue sin parecerte un "milagro"? Bien, demos un salto mayor: ¿qué tal uno en 400 billones (4 x 10^{14})? Incluso el más escéptico de ustedes puede pensar que cualquier situación con estas probabilidades básicamente nunca va a ocurrir. Y sin embargo hay un acontecimiento de la vida real que tiene esta probabilidad y que el científico Richard Dawkins dice que es tan increíble que es imposible que ocurra, por lo menos desde una perspectiva científica.

ESE ACONTECIMIENTO ERES TÚ.

Aunque soy una persona optimista, a menudo hablo acerca de la muerte y de cuán importante es no arrepentirte de nada cuando estás en los últimos segundos sobre la faz de tierra. E inesperadamente me encontré con esto:

"Vamos a morir y eso nos vuelve afortunados. Muchas personas nunca morirán porque ni siquiera van a nacer. La gente que podría ocupar mi lugar, pero que de hecho jamás verá la luz del día, sobrepasa los granos de arena en el desierto de Arabia. Sin duda, aquellos fantasmas que no nacerán incluyen a mejores poetas que John Keats y a científicos más grandes que Newton. Esto lo sabemos porque el conjunto de personas que en potencia permite nuestro ADN supera considerablemente la cantidad de gente que existe actualmente. A pesar de estas probabilidades pasmosas, somos tú y yo, comunes y corrientes, quienes estamos aquí. Somos los privilegiados que nos sacamos la lotería al haber nacido contra todo pronóstico".

Richard Dawkins,
Destejiendo el arcoíris. Ciencia, ilusión
y el deseo de asombro

Desde un punto de vista científico y estadístico, no deberías de existir. Y sin embargo aquí estás, lo cual te convierte en un milagro. ¿Ahora ya crees en los milagros (mundanos)? En otras palabras, ¿ya crees en ti?

Si son escépticos, puede que estén pensando ahora mismo: "Esas cifras deben estar equivocadas". Y tienen razón; aunque es una estadística que suelo citar con gran dramatismo y emoción, es completa, rotunda y objetivamente incorrecta… así que después de todo quizá no seas un milagro.

Las posibilidades reales de que te encuentres habitando este planeta son tan vastas que la palabra "milagro" ni siquiera les hace justicia, porque la cantidad de uno en 400 billones ni siquiera considera las probabilidades de que tu mamá conozca a tu papá, que su relación dure lo suficiente como para tener hijos, que un esperma determinado haya fecundado un óvulo específico… Y así llegamos a uno en 400 mil billones: 1 en 400 000 000 000 000 000. En metros cúbicos, es el volumen equivalente del agua en el océano Atlántico.

Pero aguarda, porque otro factor entra en juego: que cada uno de tus ancestros desde hace 4 mil millones de años haya alcanzado una edad reproductiva, y que se haya reproducido…

Considerando lo anterior, alcanzamos la impresionante cifra de 1 a la 2 685 000 potencia ($1 \times 10^{2\,685\,000}$). Es decir, un diez seguido de 2 685 000 ceros.

Imagina la cantidad de la siguiente manera: es la probabilidad de que dos millones de personas se reúnan y que cada una juegue con un dado de dos billones de lados. Cada quien tira su dado y todos obtienen exactamente el mismo número, por ejemplo, 550 343 279 001.

Y, SIN EMBARGO, AQUÍ ESTÁS...

Y desde el día en que naciste ya eras suficiente tal como eras. Y hoy también eres suficiente, así como eres.

¿Estas estadísticas te son suficientes o necesitas más tiempo para reflexionarlas y asimilarlas? ¿Y cómo vivirías sabiendo que eres semejante milagro? En el fondo, ¿cómo serías, respirarías y qué creerías? ¿De qué manera crecería tu atención interna, tu ser, tu sí mismo?

Ahora que sabes que eres un milagro, que eres único, y que entiendes la absoluta improbabilidad de estar vivo para leer esto, por favor, deja de mantener en secreto tus fortalezas, ideas y pasiones.

ES MOMENTO DE ABANDONAR LAS SOMBRAS Y DE VIVIR LA VIDA PARA LA QUE SOLO TÚ ESTÁS DESTINADO. UNA VIDA EN LA QUE NO GANAS NI PIERDES, SINO EN LA QUE SIMPLEMENTE JUEGAS, VIVES Y AMAS.

Tuviste suerte y naciste, ese fue tu inicio. ¿Ahora quién va a detenerte y por qué tendrías que fallar?

Todos aquellos que te han dicho, o te digan, que sí hay algo mal en ti tienen un interés personal al hacerlo. Ello incluye a la próspera industria de la autoayuda (¿de qué otra manera podría vender sus libros?), los medios de comunicación (las malas noticias vuelan), tus padres (por amor y porque no quieren que sufras ninguna decepción en tu vida), tus maestros (para calificarte) y tus colegas (por toda clase de motivos).

Soy muy afortunado de poder trabajar con toda clase de personas. Esto incluye a gente en silla de ruedas, con discapacidad visual, a quienes les han diagnosticado depresión, que sufren fobias y miedos o son adictas al alcohol y las drogas. Y no hay nada "malo" en ninguno de ellos, en ninguno de nosotros, de hecho, tampoco contigo.

Desde luego hay cosas que no podemos hacer por todo tipo de motivos. Solo creo que no nos ayuda concentrarnos en ellas. Resulta mucho más útil, esperanzador y gratificante enfocarse en lo que sí podemos hacer. Tampoco creo que deba definirse a las personas según lo que está "mal" con ellos. No me malinterpretes, todos tenemos días malos, momentos bajos, ocasiones en las que tenemos miedo, estamos asustados y somos infelices. Escribí este libro por esa razón, para ayudarte a acabar con esos sentimientos poco útiles, que te debilitan, para que los sustituyas por otros que sí lo sean, que te empoderen y te fortalezcan.

Cuando haces lo anterior, y es lo que conseguirás, puedes lidiar de mucho mejor manera con los problemas y desafíos que todos enfrentamos en la vida, también te ayuda a tomar las oportunidades, logros y ambiciones que surjan en tu vida. En ambos casos serás capaz de despejar tu mente y pensar con claridad y de forma correcta para poder encontrar las mejores formas de avanzar y poner manos a la obra para conseguirlo.

Con frecuencia se nos dice que cuando enfrentamos situaciones bajo presión tenemos tres respuestas "naturales": luchar, huir o congelarnos. Este libro te ofrece una cuarta opción: enfocarte.

Finge por un momento que recuerdas cómo te sentiste al llegar a este mundo. Cuando simulas e imaginas la sensación, tienes una experiencia idéntica, al mismo nivel. Experimentas el gozo, la tibieza y la noción de haber cumplido con tu misión personal al nacer. Nunca más, quizá con excepción de este momento, percibirás de nuevo el verdadero sentimiento del sí mismo, de ese amigo espiritual, eterno y amoroso. ¿Crees que puedas experimentar esos sentimientos como cuando eras bebé y dormías arrullado en los brazos de tu mamá?

Imagina que pudieras despojarte de ese "traje nuevo del emperador" que falsamente te ha convencido de que no eres suficiente. Imagina que te pudieras deshacer del enojo, la infelicidad o el miedo, de las emociones y conductas que aprendiste de otros. Quizá estés pensando que es momento de quitarte ese traje imaginario, de las falsedades que te impiden avanzar, y darte cuenta de que tu futuro éxito como individuo, en tus relaciones y en tu carrera surgen de tu interior, no del exterior.

Cuando te despojas de falsedades con lo único que te quedas es contigo. Y eso es todo lo que necesitas. Si esta no es la definición de autenticidad, honestidad o verdad, entonces no sé qué puede ser. Estás presente aquí, en este preciso momento. Eres exactamente quien eres ahora, quien fuiste antes y quien siempre serás. Solo eso.

TU VIDA NUNCA ESTUVO DESTINADA A SER COMPLICADA.

Al contrario, está destinada al gozo, a lo maravilloso, a ser una aventura llena de diversión, de opciones y placeres, tal como lo imaginabas en tu juventud. Tal vez querías ser médico, profesor o bombero. Tenías sueños poderosos y la firme convicción de que eras capaz de hacerlos realidad. Y hoy ocurre exactamente eso: puedes tener los sueños y la convicción de que aún se pueden hacer realidad. ¿Por qué solo los niños pueden soñar? ¿Por qué los adultos no podrían hacerlo?

¿Qué sientes cuando recuerdas la increíble sensación que tenías de joven al pensar en lo que querías llegar a "ser" cuando fueras mayor? Cuando lo recuerdas, y ves lo que veías entonces, escuchas lo que oías, sientes lo que sentiste, vuelves a ser joven y te emocionas de nuevo. La edad no es una cuestión de tiempo, es una decisión. Y puedes evocar esos sentimientos poderosos y positivos de manera subconsciente, sin realizar ningún esfuerzo.

Desde el día en que naciste, cuando eras la criatura más perfecta, frágil y valiosa, ya estabas listo y tenías el hambre, incluso la voracidad, para poder absorber la mayor cantidad de conocimientos y experiencias posibles. Puede que hayas sentido las pupilas de tus ojos grandes como platos al asimilar todo lo que ocurría a tu alrededor.

Las opiniones que escuchabas te parecían hechos porque las expresaban como si fueran verdades. Escuchaste las creencias de la gente y las consideraste reglas. Por ejemplo, quedaste fascinado y sentiste curiosidad y asombro al ver una tetera hirviendo, y como tus padres eran buenos, protectores y amorosos te dijeron en voz alta: "No, no, no, no, no, no, no, no, no, no, no, no...".

En la infancia oímos la palabra *no* en muchas más ocasiones de lo que escuchamos *sí*. Y si fuiste un niño muy activo, juguetón y curioso, ¡puede que hayas oído "no" cientos de veces al día! Y aunque la palabra ayudó a mantenernos a salvo, también sirvió para condicionarnos, aprender y entrenarnos a la perfección, convirtiéndonos en maestros, genios, de lo que no podíamos hacer.

La batalla entre el ego y el sí mismo

La batalla, una especie de combate mental de box, entre el ego y el sí mismo comenzó desde que naciste.

- En la esquina azul está tu sí mismo original, de nacimiento, con tu calma, confianza y curiosidad naturales.

- En la esquina roja está el ego que te inculcaron, conformado por opiniones ajenas dichas como si fueran hechos.

En las primeras batallas el ego reforzaba al sí mismo, pues todos te sonreían y te veían con amor y simpatía. Incluso aprendiste a caminar, algo que es imposible de explicar con palabras (anda, inténtalo sin mover las piernas). Más tarde, a medida que crecías, el sí mismo comenzó a entrar en conflicto con el ego. Aprendiste que la recompensa por ciertos comportamientos eran abrazos, pero que otros eran considerados "malos".

SEGÚN LA PSICOLOGÍA Y LA CIENCIA, EL CONCEPTO DE "MÍO" ES INNATO EN LOS NIÑOS. EN CAMBIO, DEBEMOS APRENDER LOS CONCEPTOS DE EMPATÍA Y COMPARTIR.

Los niños son absolutamente egocéntricos hasta los tres o cuatro años, más o menos. No entienden los sentimientos o los pensamientos ajenos ni pueden ponerse en los zapatos de los demás hasta que alcanzan un mayor desarrollo. A esa edad, tu ego protector se había formado casi por completo, solo necesitabas más sueño, más amor, más comida, más atención de tus padres y, en general, más de todo.

Como el ego siempre te dice que no eres suficiente, pones más empeño en lo que haces, sigues adelante e incluso cuando eres "exitoso" sientes que debes superarte. El problema con tu ego es que nunca lo puedes satisfacer del todo. Puede lograrlo a costa de alguien más, incluso puede apagarse de noche, pero tarde o temprano regresa a decirte que sigas adelante, que vayas más rápido y que apuntes más lejos.

El ego cree que nos ayuda. Está asegurándose de cumplir con los condicionamientos que aprendimos a lo largo de nuestra vida, nos dice cosas como "mantén los pies en la realidad", "no confíes en la gente que te hace cumplidos", "la vida es dura, así que debes esforzarte más, si no, serás un fracaso". Es decir, el ego nos mantiene "a salvo" según su propia definición, en la que eso quiere decir "conocido". Quiero decirte que no creo en las zonas de confort, porque la mayoría de quienes dicen que están en una en realidad están incómodas. Más bien pienso que tenemos "zonas conocidas". Nuestros condicionamientos, la mente lógica de nuestro ego y nuestro ego mismo harán lo que sea con tal de mantener nuestra vida en terrenos familiares.

El ego actúa como nuestros padres: nos señala los enormes retos que tenemos que enfrentar si queremos alcanzar nuestras metas más codiciadas, porque al igual que ellos no quiere que fracasemos y terminemos decepcionados. Por eso intenta prevenirnos a toda costa de las decepciones y busca protegernos de cualquier cosa desconocida.

Es muy probable que en alguna etapa de tu vida el ego haya ganado esa batalla y los residuos permanecen aún en la palabra *más*: más pertenencias, más superficialidad (ropa, moda, etc.) y más dinero. Y a cambio de obtener más de todo, el ego te promete que un día serás feliz.

El principal engaño del ego consiste en convencerte de que muchas de las creencias inútiles que te enseñaron son absolutamente naturales y se basan en hechos. (Por ejemplo, puede que mucha gente diga "soy cínico de nacimiento", pero no es más que una frase ridícula, ya que un cínico ni siquiera hubiera abandonado el vientre materno). Por lo tanto, parece que el ego ganó… ¿no es así? La maravillosa, sorprendente y verdadera respuesta es que no.

> ¿Qué pasaría si, desde que empezaste a leer este libro, cada palabra, cada oración y cada página te hubieran traído hasta este punto? Solo imagina por un momento que cada pensamiento, cada instante y cada decisión que has tomado en tu vida te han traído hasta aquí. ¿Qué tan poderosa sería esa situación? Pues eso es exactamente lo que sucede, por eso tú eres tú. Eres ese tú único, milagroso y maravilloso que está leyendo esto justo ahora. Imagina que esto es precisamente lo que debes vivir.

La buena noticia… no, la gran y maravillosa noticia, es que si bien el ego quizá ganó, lo cierto es que el sí mismo no perdió.

El sí mismo convenció al ego de que los necesitabas a ambos para sobrevivir, y el ego aceptó con la condición de que ambas partes reconocieran que él sabe más.

Así que el ego recién consolidado en tu conciencia dijo que permitiría que nuevas ideas, pensamientos y experiencias llegaran al sí mismo solo si este permitía que el ego estuviera a cargo.

Como no tenía muchas opciones, el sí mismo solo guardó silencio y esperó.

El ego realizó su papel a la perfección. Se dedicó a filtrar los significados, opiniones y verdades que mejor le acomodaran. Solo permitió que entraran las nuevas experiencias que no te resultaran amenazantes o que pusieran en riesgo su estatus, como subirte a un avión o a la montaña rusa, soñar y cosas por el estilo. Y una constante en todo este proceso fue la insistencia del ego en señalar que no eras suficiente, ya que era una idea que respondía a su propio interés. Porque si de verdad fueras suficiente, no sabrías hacer otra cosa más que vivir, ¿no es cierto?, realmente vivir. Porque aquí tú eres tú; y aquí eras, eres y siempre serás, y te recordarán mucho después de que te hayas ido de este planeta, en historias que casi siempre serán positivas, simpáticas y afectuosas.

Actividad:

Escribe tu propio homenaje

Quiero que escribas tu propio homenaje como si lo fueran a leer en tu funeral. Las palabras que uses deben reflejar qué hiciste en vida y cuáles fueron tus logros, y todo debe tratar sobre ti.

Redáctalo.

¿Listo?

Ahora léelo en voz alta, de preferencia a alguien que en verdad te conozca.

¿Así es como estás viviendo tu vida en el presente? Si la respuesta fue "sí", entonces puedes decidir no cambiar nada de ti. Incluso puedes ayudar a un ser amado o a un amigo a que consigan lo mismo.

Pero si la respuesta fue "no", entonces pregúntate "¿qué estoy haciendo para corregirlo?".

Si Dios, lo que sea que estas cuatro letras signifiquen para ti, hubiera querido que estuvieras desnudo, entonces habrías nacido de ese modo. Y justo así fue como llegaste al mundo: desnudo y listo para cumplir la promesa de tus primeros segundos. Quienquiera que seas, es posible que mientras piensas en lo anterior ahora estés navegando en un estado mental de calma, silencio y paz. Esa sensación es el sí mismo, tu verdadero amigo espiritual, eterno y amoroso, que despierta de nuevo. Y en el fondo, en una región mucho más profunda de lo que tu ego puede concebir, inventar o imaginar, siempre lo has sabido. El ser tú no solo es magnífico y un milagro, también está bien. Tú estás bien, tal como eres.

Contactar con tu ego

Para poder entrar en contacto con el ego muchas personas recomiendan decir afirmaciones positivas:

- Tengo confianza.

- Puedo hacerlo.

- Soy magnífico.

El desafío de este procedimiento es que deben repetirse muchas veces dichas afirmaciones porque el ego las va a poner en tela de juicio, igual que hace con todas las verdades que no coinciden con sus necesidades. Si las repites bastante a menudo, quizá te funcionen, y lo que busca este libro es que siempre te dé resultados, seas quien seas y estés donde estés.

Sin embargo, hay otra técnica sencilla que recomiendo para contactar con el ego. Es una manera más rápida, simple y poderosa que le funciona a todo el mundo. Además, tendrá un impacto inmediato y positivo en ti desde el instante en que la leas y la pongas en práctica.

Consiste en lo siguiente: hazte preguntas útiles.

Hazte preguntas útiles

Puede que hayas vivido en carne propia el poder negativo de las preguntas inútiles que en algún momento te planteaste, en voz alta o mentalmente. De todas formas, ambas terminan teniendo el mismo resultado improductivo:

- Quizá te has preguntado: "¿Por qué soy tan torpe?" después de pegarte con la esquina de la cama luego de levantarte.

- Tal vez te has dicho: "¿Por qué tengo tan mala memoria?" cuando olvidas algo.

- Puede que te hayas preguntado "¿Por qué no pienso las cosas antes de hablar?", tras decir algo equivocado en un momento inoportuno.

Sabemos que esto tiene un tremendo poder negativo. Pero ahora busquemos usar justo el mismo principio de forma positiva.

A PARTIR DE AHORA PODRÁS EXPERIMENTAR LA FUERZA DE LAS PREGUNTAS ÚTILES QUE TE HAGAS.

No importa si es en voz alta o mentalmente, pues en ambos casos el impacto es igual de útil:

- Pregúntate: "¿Por qué estoy tan despierto y alerta a primera hora de la mañana?" cuando rodees sin problema la esquina de la cama justo después de levantarte.

- Cuando recuerdes algo, pregúntate "¿Por qué tengo una memoria tan perfecta?"

- Luego de decir lo correcto en el momento oportuno, pregúntate: "¿Por qué soy tan bueno cuando pienso qué decir?"

Hay tres razones por las que esta técnica funciona:

1. Las preguntas asumen en automático que lo que interrogas es verdadero. El ego no duda si es verdadero o no lo que le ofreces. De un modo similar, el ego acepta sin objeciones las preguntas que no nos aportan. Por eso hay que formular preguntas útiles que el ego va a aprobar sin poner obstáculos.

2. Cada vez que dices, piensas o crees algo negativo o positivo acerca de ti, en especial si alguien más

opina lo mismo, tu cerebro siempre modifica sus conexiones, lo cual tiene un efecto físico directo en la química de tu cuerpo. Los estudios científicos recientes demuestran que, en efecto, nosotros podemos elegir nuestro propio perfil psicológico.

3. Ninguna persona se siente amenazada por las preguntas útiles.

Haz algo distinto

Otra manera muy efectiva de experimentar este tipo de preguntas es la siguiente: cambia tu vida haciendo algo diferente.

Por ejemplo, cómete una fruta en lugar de una barra de chocolate. Cuando lo hagas, pregúntate:

"¿Puedo recordar hace cuánto decidí que iba a comer sano? Vaya, parece que fue hace siglos. ¿Hace cuántos meses fue?".

Con solo formularlo de este modo, puedes cambiar la forma en que tu memoria está codificada y creer que fue hace mucho tiempo, ¡incluso aunque apenas lo hayas hecho el día anterior!

¿Por qué las preguntas tienen tal impacto en nosotros y en nuestro interior? ¿Qué sientes cuando lo piensas? ¿Quizá comienzas a sentirte ligeramente más fuerte, más empoderado, incluso tal vez un poco más alto? Es un hecho que mientras lees esto ya estás modificando la composición de tu química corporal, y esa experiencia en sí misma es simplemente asombrosa. ¿No es maravilloso que la ciencia haya hecho todos estos sorprendentes descubrimientos en el curso de tu vida para que puedas elegir ahora mismo llevar la vida para la que naciste?

Acceder al sí mismo

Ahora te voy a decir algo en voz baja: por el efecto de lo que acumulamos hasta ahora, cuando leas, escuches y asimiles las siguientes palabras, tendrás un momento de perfecta felicidad, de absoluta paz y te darás cuenta de la asombrosa verdad que siempre has sabido, y que volverás a saber una vez más.

ESTÁ BIEN.
ESTÁ BIEN.
SIEMPRE ESTÁ BIEN.
EXCEPTO CUANDO
NO LO ESTÁ.
Y ESO TAMBIÉN
ESTÁ BIEN.

Es como si la frase *está bien*, con sus ocho letras más el acento, abandonaran la superficie de la página y recorrieran tu cuerpo, como el agua perfectamente tibia cuando te bañas. Haz de cuenta que esas sensaciones llegan al centro mismo de tu ser, en este instante. ¿Puedes imaginar ahora mismo lo maravillosa que debe ser esa sensación?

Actividad:

Escoge cómo te sientes

Ahora que de verdad vives el momento y que cada palabra en automático sigue a la anterior, escoge si quieres sentir calma, abundancia y paz absoluta. Muy bien.

1. Ahora toma esas sensaciones que experimentas en el presente y te fascinan, y duplícalas.

2. Así está bien.

3. Ahora duplícalas de nuevo.

4. Ahora recuerda un momento de tu vida en el que hayas sentido esta seguridad, certeza y equilibrio. Cierra los ojos unos instantes y observa mentalmente en dónde estabas, escucha lo que oías y experimenta lo que sentiste. Tómate el tiempo que desees.

5. Con esa maravillosa sensación que ahora tienes, discretamente toca con tu pulgar la punta del dedo índice de tu mano izquierda. Al sentir la suave presión entre el pulgar y el índice, por favor, cierra los ojos de nuevo.

6. Ahora separa ambos dedos.

Ya cuentas con dos modos probados, prácticos y poderosos para cambiar y elegir al instante cómo sentirte: no importa lo que esté pasando en tu vida, "está bien", y el tacto de tus dedos índice y pulgar.

Tienes estas palabras muy sencillas: *está bien*.
Está bien.
Siempre está bien.
Y cuando creas que no está bien, eso también está bien. Está bien no sentirte bien. Porque eso también está bien.

Recuerda un miedo que tengas. Está bien sentirlo. Y en cuanto repitas esas palabras, el miedo comenzará a reducir su intensidad y a perder el control que ejerce sobre ti. ¿Tienes algunas fortalezas? Está bien. ¿Tienes algunas debilidades? Eso también está bien. Siempre está bien porque así es la vida. Y eso igual está bien. A menos que en verdad estés en absoluto desacuerdo con todo lo que estoy diciendo.
Y, en ese caso, está bien.

Tal vez te preguntes si está bien cuando alguien dice o hace algo que te lastima. Esa es una pregunta importante que me plantean a menudo y se abordará más adelante en la verdad 7. Por ahora, solo quiero decirte que no creo que la felicidad y sentirte en equilibrio y en paz signifiquen estar libres de problemas, aunque lo que sí consiguen es ayudarte enormemente a tener la habilidad para lidiar con dichos problemas.

Y ahora tienes un gesto muy sencillo, porque cada vez que en el futuro tus dedos índice y pulgar se toquen, de inmediato sentirás una sensación de alegría, paz y confianza en ti mismo.

Igual que todo lo incluido en este libro, este gesto es un método increíblemente poderoso y efectivo que funciona en el largo plazo. Todas las soluciones propuestas son muy sencillas, y por esa razón dan resultado. Como ya vimos, el cerebro ama, adora y se abre a las cosas simples.

Cuando a esta vida se la despoja de cualquier complejidad, misterio y mitos llegamos a la fuente misma de la felicidad, la confianza y la paz. Y esa fuente eres tú, igual que siempre lo has sido y lo seguirás siendo.

Es como si con frecuencia quisieras estar en otro lugar, en otro momento y ser alguien distinto.

PERO ADONDEQUIERA
QUE VAYAS, AHÍ VAS A ESTAR.

Y sin embargo aquí estás: aquí y ahora.

Recuerda

Mucha gente te va a inspirar para que seas la mejor versión que puedes llegar a ser, otros te dirán que debes ser más, a pesar de lo que ya has conseguido. En cambio, este libro te invita a que seas algo completamente distinto: lo mejor de lo que ya eres.

Quizá alcances a notar que al leer de nuevo las palabras "sé lo mejor de lo que ya eres", puedes sentir una energía cálida que fluye por tu mente, tu cuerpo y tu espíritu.

Y si lo anterior no es la definición de ser auténtico, entonces no sé qué pueda serlo.

TE DOY LA BIENVENIDA A LA FELICIDAD, EL ÉXITO Y LA PAZ DESDE UNA PERSPECTIVA MUY DISTINTA: LA TUYA.

Tú naciste para ser tú mismo y nadie más, y eso es lo único que siempre vas a necesitar ser.

ESTÁ BIEN.
ESTÁ BIEN.
SIEMPRE ESTÁ BIEN.
EXCEPTO CUANDO
NO LO ESTÁ.
Y ESO TAMBIÉN
ESTÁ BIEN.

VERDAD 3

EL AMOR ES TU MEJOR ARMA

Cuando verdaderamente vives de acuerdo con lo que te dicta el sí mismo, lo sabes. Cuando lo "consigues" a nivel inconsciente, sabes, te comportas y vives con una autoestima muy alta, una buena autoimagen y valía personal. Eres tu propio mejor amigo y te piensas como el "producto acabado" al que nada le falta. Te sientes completo y abundante. En consecuencia, tienes tanto por compartir que derrochas amor incondicional a todos cuantos conoces.

Asimismo, sabes que el éxito de los demás no significa que hayas fracasado.

**TU CALMA, PAZ Y CONFIANZA EN TI MISMO
SON TANTAS QUE SABES QUE TIENES
TODO LO NECESARIO
PARA SER FELIZ.**

Así que nunca "tomas" nada de las otras personas. Vives en lugar de estar preparándote para vivir. No solo das amor incondicional, sino también, y especialmente, te procuras a ti. No sientes nunca la necesidad de estar en lo "correcto" ni tampoco de hablar de ti, porque sabes que en realidad no se trata de ti, sino de ellos.

Y cuando termina el día y te vas a dormir lleno de júbilo, todo ese amor incondicional regresa a ti y llena tu corazón multiplicado cien veces.

Cuando únicamente existes controlado por el ego, sabes, te comportas y vives con una autoestima muy baja y también tienes una autoimagen y un valor personal muy pobres. Tú mismo eres tu peor enemigo y es común que pienses que te "falta algo". Es como si tuvieras un hueco en el corazón y pensaras que se llenará tomando algo de los demás, y eso significa hacerlos menos, ya sea frente a frente o hablando a sus espaldas.

Por eso piensas que el fracaso de los demás es un éxito para ti, pero solamente pasajero. Te muestras inseguro, si no es que molesto con las personas que conoces. En especial, eso te incluye a ti. Además, siempre buscas tener la "razón". A esto se suma que constantemente necesitas hablar de ti porque requieres que los desconocidos te muestren confianza, admiración y respeto. Y cuando te vas a la cama, exhausto, el miedo, el estrés y la infelicidad te persiguen y vacían el último rastro de fuerza que te queda.

Tu actitud es tu decisión

En términos sencillos, si las personas se amaran de verdad, no buscarían convertirse en el centro del universo porque sabrían que ya son el centro de todo.

Un árbol no anda por ahí diciéndole a los demás que es un árbol, pues ya lo sabe.

La realidad es que siempre vamos a enfrentar problemas, desafíos y dificultades en nuestra vida. Todos tendremos días buenos y malos. En ese sentido, este libro busca asegurarse de que tengas más momentos, minutos, horas y días maravillosos. Por eso te brinda consejos prácticos que puedes aplicar de inmediato para ayudarte a superar, lidiar y seguir adelante con cualquier desafío que enfrentes. Este libro también pretende que vivas la mayor parte de tu vida según lo previsto el día de tu nacimiento: para que vivas, en lugar de estar preparándote para vivir.

Tus momentos, sentimientos, actitud, vida, futuro y destino no se reducen a una cuestión de tener suerte o cambiar. Más bien tienen que ver con elegir y esa elección es tuya. Siempre. No se trata de ti, pero al mismo tiempo vas a notar que todo se relaciona contigo.

PORQUE CUANDO TE CONCENTRAS EN AYUDAR, AMAR Y SER BONDADOSO CON LOS DEMÁS, ENTONCES DE VERDAD TE DESCUBRES.

Si señalas a alguien, lo culpas o lo responsabilizas por la forma en que te "hace sentir", entonces en ese instante efectivamente le estás otorgando el control de tu vida a esa persona. Le estás entregando la autoridad de tus decisiones y tus momentos más valiosos. Es como si dicha persona tuviera mayor importancia en las decisiones de tu vida que tú.

La verdadera humildad, paz y amor por ti consiste en mostrarles eso mismo a los demás. Y eso solo puede ocurrir cuando lo pones en práctica. También es importante darse cuenta de que la falsa humildad no tiene nada que ver con dicha actitud. Mucha gente que no para de hablar acerca de ser humildes, que grita a los cuatro vientos lo humilde que es, en realidad es tan humilde que está a punto de autodestruirse.

Y de nuevo exagero esto por una razón: porque la velocidad, el estrés y los desafíos de la vida moderna causan estragos en la felicidad. Por ello debemos ayudar a todos a enfrentar esta situación, sin importar cómo se comportan con nosotros.

Sé tu mejor amigo

Solo hay una manera de conseguir "bienestar": siendo tu mejor amigo. El amor, el respeto y la amistad no son espejos que te reflejen, son una fuente que nace de ti. Cuando te amas, logras atraer el amor de los demás. Cuando te respetas, magnetizas el respeto de los otros, y si eres afable con las personas (imagina ahora mismo que lo eres con alguien en tu vida), a cambio la amistad te va a desbordar. En pocas palabras, trata a la gente (en especial a ti) como quieres que sea contigo y la gente también lo hará.

Siempre he creído que el consultorio médico es el peor lugar cuando te sientes enfermo, pues todos están sentados propagando y recibiendo sus bichos. Por fortuna, en la actualidad la mayoría de los programas de salud se centran en prevenir las enfermedades físicas y mentales.

MI INTENCIÓN AQUÍ ES ABRIR TU MENTE A LA POSIBILIDAD DE QUE EN NUESTRO INTERIOR, JUSTO AHORA, PODEMOS MEJORAR NUESTRO BIENESTAR DE MANERA RADICAL.

Hay muchas medidas físicas que podemos tomar para mejorar nuestro bienestar, como respirar adecuadamente, relajarnos y meditar. Todas son buenas acciones. Sin embargo, las formas más poderosas de conseguirlo son:

- Sé tu mejor amigo.

- Ámate incondicionalmente.

- Ama todo lo que eres: tus dones, talentos, personalidad y tus "defectos".

Puede que en este momento algunos pensamientos negativos asalten tu mente:

- "Eso suena muy arrogante".

- "Eso es muy engreído".

- "¿Qué tan egoísta me volvería?".

No obstante, no me refiero a gritar desde las azoteas: "Oigan, véanme, ¡soy fantástico!". Eso es lo que hacemos cuando necesitamos que los demás nos digan que somos grandiosos. Tampoco estoy hablando de ponernos a la defensiva cuando alguien nos "ataca" con sus comentarios o acciones. Así es como reaccionamos cuando queremos demostrar que estamos en lo "correcto" y ellos están "equivocados".

A lo que me refiero es que admitamos para nosotros mismos lo que ya sabemos y siempre hemos sabido:

QUE SOMOS ÚNICOS, EXTRAORDINARIOS Y MARAVILLOSOS.

Y lo logramos por medio de nuestras acciones y lo que somos, mostrándolo a los demás todos los días.

Esto ocurre cuando te amas sin más, siempre, incondicionalmente.

Si no eres tu mejor amigo y no te amas, nadie más lo hará, porque no se lo permitirás. Y como consecuencia no serás capaz de amar a otros o de ponerlos por delante, porque vas a dudar de tu propio valor como persona y seguirás sintiendo la necesidad de robarles. Cuando te amas a ti mismo, no tienes el deseo de robarles, pues sabes que eres más que suficiente.

Actividad:

Eleva la autoestima

¿Cómo evaluar la autoestima de alguien (sin que se entere)?

Primero, hazle un cumplido que sea genuino. Para de verdad evaluar su autoestima, hazlo tres veces en el transcurso de una conversación. Por ejemplo:

- "Está delicioso, eres un cocinero extraordinario".

- "Debes tener una memoria asombrosa".

- "Vaya, cuentas historias geniales".

Quizá después bloqueen, ignoren o evadan tus cumplidos. Incluso puede que se rían de forma nerviosa. Si hacen algo de lo anterior, su autoestima requiere un empujón. Eso significa que no tienen un gran concepto de su valor como personas, por lo que consideran imposible permitir que un sentimiento semejante entre en ellos y más si proviene de alguien ajeno, ya que primero deben sentirlo ellos mismos para saber de qué se trata.

Así que, para ayudarles a recibirlo, hazles preguntas útiles, como las que te mostré en la verdad anterior:

- "Por favor, puedes contarnos cómo preparas aquel delicioso…".

- "¿A qué le atribuyes tu estupenda memoria?".

- "¿Cómo consigues contar tan buenas historias?".

Si la autoestima de la persona es especialmente baja, puede que su ego de nuevo bloquee, evada o ignore el cumplido. Sin embargo, es mucho más probable que lo acepte si uno lo hace pasar como una pregunta y no lo dice como una afirmación. Aunque, a final de cuentas, el cumplido solo lo puede aceptar la persona que lo recibe.

¿Cómo aceptar un cumplido sincero?

Ahora regresemos a cómo debes aceptar un cumplido. Primero, mira directo a los ojos a la persona que te lo dijo y con cordialidad, gratitud y amabilidad solo dile: "Gracias". Esa palabra es muy importante y tendrá un papel fundamental en tu vida. Incluso, el solo hecho de decirte "gracias" a ti mismo, en silencio, te llenará de sensaciones cálidas y luminosas que recorrerán todo tu cuerpo como un cosquilleo. Y es completamente natural que experimentes dichos sentimientos en este momento.

Notarás que en general te sientes más cómodo, en calma y auténtico que antes de decirlo.

Por extraño que parezca, el aceptar un cumplido va a tener un efecto profundo en la persona que lo dice igual que ocurrió contigo. Si, por otro lado, no lo aceptas, lo que estás diciendo es: "No me importa lo que opines y no creo que estés siendo sincero".

¿Cómo aceptar un cumplido que no consideras sincero?

La siguiente es una técnica muy inteligente y astuta para lidiar con un cumplido que no consideras sincero. Mira a la persona que lo dijo directo a los ojos, sonríe y sencillamente dile: "Gracias".

En cualquier circunstancia, ese "gracias" conlleva una situación de ganar-ganar: si la intención del cumplido es sincera, todo estará bien entre ambos. Si no fue honesto, la persona que lo dijo va a quedar confundida. Bien hecho, conseguiste despistarla y dejarla pensando sin tener que herirla.

Sé tú mismo: los demás lugares ya están ocupados

Sé tú mismo, tu verdadero e ilimitado ser, todos los días. Es mejor que lo seas, pues, al final, pasas 24 horas del día, 7 días de la semana, 52 semanas del año contigo mismo. Así que es mejor que te lleves bien contigo.

Sé tú mismo y, al hacerlo, busca inspirar y animar a otras personas para que también sean ellas mismas: su verdadero ser, genuino e ilimitado.

POR FAVOR, CORRE LA VOZ DE QUE ESTÁ BIEN QUE SEAN LA MEJOR VERSIÓN DE QUIENES YA SON EN ESTE MOMENTO, QUE NO HAY NADA "MALO" EN ELLOS.

Y que lo que pueden hacer en su vida supera por mucho lo que no pueden hacer.

Todos son valiosos. Debemos valorar los distintos propósitos, pasiones y personalidades de cada quien. También atesorar sus opiniones, pensamientos y, especialmente, su historia. Darnos el tiempo para escuchar la vida de alguien, y me refiero a de verdad escucharlo, es el mayor cumplido que le podemos hacer a otro ser humano.

¿En algún momento te has preguntado qué se sentirá tener tal calma, seguridad y confianza en ti que puedes darte y ser tú mismo completamente, sin miedo? ¿Alguna vez has tenido esa sensación? Enfoca tu atención en esa idea por unos momentos y, en cuanto lo hagas, notarás que surgen sentimientos de amor que nacen de lo más profundo de ti, porque el verdadero amor proviene de tu interior, no del exterior.

A continuación, te comparto cómo dejar de preocuparte para siempre de lo que otros piensen de ti (¡a la par que te vuelves sumamente popular!):

1. Da tu amor incondicional a todas y cada una de las personas que conozcas, en especial a ti mismo.

2. No te compares con los demás.

3. Asume la plena responsabilidad de tu comportamiento y tus reacciones.

Cómo demostrar afecto

Yo creo que siempre puedes adivinar el carácter de alguien cuando lo ves tratar bien a otra persona con la que no tendría por qué ser amable. Y también lo notas en cómo se trata a sí misma. Ahora te comparto cómo demostrar amor a los demás:

- Sé amable con la gente con la que no estás obligado a serlo. Esto incluye a los meseros, al personal de recepción, a los desconocidos que se dirigen a ti, etc.

- Comparte solo mensajes, correos electrónicos y publicaciones en redes sociales que sean optimistas. Responde los comentarios negativos que recibas con comunicaciones positivas.

- Cuando un ser amado, familiar o amigo, se comporte de forma negativa contigo, recuerda que no se trata de algo personal, sino de la situación en la que se encuentra y lo que está sintiendo en ese preciso momento. No respondas poniéndote a la defensiva, ya que no conseguirás el resultado que buscas.

- Cuando alguien hable, escúchalo. Pero hazlo de verdad, sin juzgar. Este quizá sea el mayor cumplido que le podemos hacer a otra persona.

- No te obsesiones ni le des vueltas a lo que otros piensan de ti. Más bien presta atención a lo que tú piensas del mundo y, al hacerlo, ten una muy buena opinión de él.

- ¡Sonríe!

Todo este planteamiento se puede resumir de forma sencilla en la siguiente frase:

SAL A BUSCAR AMIGOS Y CONSEGUIRÁS UNOS CUANTOS. SAL Y SÉ UN BUEN AMIGO Y LOS TENDRÁS A MONTONES.

Ahora te comparto cómo demostrarte amor a ti mismo:

- Ámate verdaderamente: con todo lo que eres.

- Acepta con amor los cumplidos y todo tipo de retroalimentación que te den y di "gracias".

- Dedica tu tiempo a ayudar, elogiar y guiar a otros.

De ahora en adelante date cuenta de que no se trata solo de ti. Nunca ha sido así y jamás lo será.

SI TE AMAS, LA GENTE VERÁ TU FORTALEZA, TE CONSIDERARÁ UN LÍDER Y UNA INSPIRACIÓN. Y CUANDO CUMPLES ESA FUNCIÓN, OTROS SE INSPIRAN.

Cuando eres un guía en ese sentido, no necesitas decirle a los demás que eres su líder, tanto tú como ellos lo sabrán por cómo eres, por lo que dices y haces. Pero más que nada, las personas te van a respetar y a querer.

Te propongo una prueba: en la siguiente fiesta, reunión o encuentro social que tengas, trata de pasar dos horas sin hablar de ti.

Inténtalo una hora.

Incluso prueba hacerlo solo 15 minutos.

De acuerdo, ¿te parece mucho tiempo? Está bien. Con la siguiente persona que conozcas, dedica solo tres minutos a preguntarle sobre ella, y si de verdad la escuchas y le repites con tus propias palabras lo que te responda, no solo le vas a caer bien: te va a adorar, a idolatrar, querrá tener hijos contigo.

Es sencillo, pero no fácil. Durante ese rato, tu ego va a estar gritándote mentalmente: "¿Y qué hay de mí?" o "Por cierto, ya fue suficiente de mí, ahora háblame de ti: ¿qué opinas de mí?".

Tener una actitud positiva hacia los demás, mostrar un interés sencillo, sincero y completo por ellos es contagioso. Es tan contagioso que los otros siempre terminan incorporándolo a su modo de vida, su conducta y sus actitudes para que sea recíproco. Les vas a agradar, van a hablar muy bien de ti y te verán como un amigo, ¡incluso si no saben absolutamente nada de ti!

Por favor, siempre considera lo siguiente: cada que tu ego se entrometa y te des cuenta de ello, solo respira, repítete que "está bien" y haz que se toquen tu pulgar y tu dedo índice, y así el sí mismo aparecerá. Respira con suavidad y un poco más lento, para que tu presión arterial disminuya. Tal como ocurrió antes, y tal como está pasando ahora...

No te compares con otros

Como nuestro cerebro busca siempre ahorrar energía y mantenernos con vida, por eso le encanta hacer las cosas súper rápido. Y una manera en la que el cerebro actúa con rapidez, a fin de encontrar el significado de algo, es comparar lo nuevo con algo que ya conoce. Por eso, cuando hablamos de éxito y el sentido que le atribuimos, tendemos a compararnos con otras personas. Si reflexionas al respecto, notarás que es el clásico ejemplo de la emoción imponiéndose a la lógica. Esto lo digo porque equiparar nuestro éxito al de otros no solo es inútil y equivocado, sino que, y perdón por decirlo, es una locura.

Cuando naciste, ¿acaso tus padres usaron a los demás niños del barrio como referencia para compararte? No, por supuesto que no lo hicieron. Bueno, ¡por lo menos no en tus primeros años! Y luego tú tomaste el control y te encargaste de comparar regularmente tu éxito con el de los demás. Es duro abandonar el juego de las comparaciones, a pesar de lo que hayamos aprendido, así que continuamos comprando cosas que no necesitamos para impresionar a gente que ni siquiera conocemos.

A menudo no solo juzgamos nuestro éxito en relación con el de otras personas, sino que incluso es algo peor, pues con frecuencia evaluamos nuestros logros en función de lo que suponemos de otra gente. Y, claro está, en realidad no sabemos qué tan exitosos son con certeza.

Algo que he descubierto al conocer a diversas celebridades y a las así llamadas personas "exitosas" es que son gente común y corriente. Es decir, seres humanos igual que el resto de nosotros. Otra cosa que he aprendido es que la mayoría de las celebridades que conozco en realidad no tienen mucho dinero. Además, su libertad de expresión, pensamiento y acción están limitados, casi siempre por temor a que cualquier cosa que hagan o digan esté a los pocos minutos circulando en la red. Lo más inquietante de todo es que no pueden salir a la calle igual que tú y yo. ¿Te imaginas no poder ir un momento a la tienda para comprar leche, por miedo a que te reconozcan, te fotografíen o te acosen?

LA VIDA NO ES UN ENSAYO GENERAL, ASÍ QUE TAMPOCO PUEDES PRACTICAR SER TÚ MISMO.

Eres quien eres y debes asumirlo por la gente a la que le importas, por las comunidades y organizaciones en las que te involucras, y por tu mundo.

En ocasiones parece haber un tabú contra la idea de ser tu mejor amigo y puede que al leer esto sientas que se eleva, sale de ti y se va volando por el cielo. Ahora imagina lo que sentirías si el tabú desapareciera. Está bien ser tu mejor amigo y, desde luego, también está bien si no lo eres. En cualquier caso, si consideras ambas alternativas, serás tu mejor amigo y volverás a ser tú mismo. ¡Bienvenido de regreso!

Responsabilízate de tus actos y reacciones

Siempre tenemos la absoluta responsabilidad y la decisión sobre lo que pensamos, decimos y hacemos. De hecho, por ahora vamos a limitarnos a "decir y hacer", aunque cuando termines de leer el libro, la parte del "pensar" también va a estar bajo tu control.

Elegimos las palabras que usamos y qué acciones realizamos. Sin embargo, no podemos elegir las palabras que los demás utilizan o lo que la gente hace. Hay millones de cosas a nuestro alrededor sobre las que no podemos influir, como el clima, el tránsito, el metro, las noticias, los días festivos, entre otras.

NO OBSTANTE, LO QUE SIEMPRE PODEMOS ELEGIR ES CÓMO REACCIONAMOS.

Esto siempre se encuentra entre nuestros dones, decisión y control. Y cuando nos damos cuenta de eso, todo cambia, desde la calidad con la que redactamos nuestros correos electrónicos y textos hasta la calidad de nuestra vida. Porque básicamente esto significa que tenemos el pleno dominio de nuestro modo de actuar y cómo reaccionamos, lo cual abarca casi todo.

La idea de que siempre tenemos el absoluto control sobre lo que decidimos hacer es tan poderosa que tal vez te tome unos momentos asimilarla. Por lo menos sé que eso me ocurrió a mí cuando lo descubrí. Mi proceso para comprenderlo fue lento y gradual. Quizá te suceda lo mismo, en especial si te gusta pensar detenidamente las cosas por tu cuenta.

Considero que esta idea va más allá del análisis. Supongo que nuestra mente acepta cualquier cosa que podamos imaginar si sabemos que nos ayudará en nuestra vida. Así que con solo imaginar lo que te venga a la mente, si coincides con tener este grado de absoluta libertad, entonces tus pensamientos y análisis te parecerán pequeñas burbujas que explotan en tu mente. Y con cada una que revienta, respiras un poco más hondo desde un lugar de mayor calma.

Lo anterior puede ayudarnos a acabar con la principal preocupación que nos impide avanzar: lo que los demás piensan de nosotros, y podemos desterrarla tanto en el plano lógico del ego como en el nivel emocional del sí mismo.

LA VERDAD ES QUE LAS PERSONAS NO DEDICAN MUCHO TIEMPO A PENSAR O HABLAR SOBRE TI.

Están muy ocupados preocupándose por lo que tú y los demás opinan de ellos. Con todo respeto y amor te lo digo: supéralo. Los únicos momentos en los que la gente sin duda va a hablar bien de ti son cuando naces y cuando mueres.

También recuerda que no importa lo mal que los demás se conduzcan contigo, lo que sea que digan o hagan, no debes responder de una forma similar. Te doy un par de ejemplos para que te des cuenta de que reaccionar del mismo modo es una mala idea:

1. **Correos electrónicos:** como carecen de tono, los correos pueden ser un reto. Por eso terminamos adivinando las emociones que hay detrás de las palabras y, por tanto, su significado. Sin embargo, ningún correo, mensaje o palabra tiene otro sentido que el que tú elijas darle. Ya sabes cómo funciona: si respondes un correo negativo, o que tú percibiste de esa forma, con la misma negatividad, la espiral de interpretaciones inicia su descenso. Pero si respondes el correo que sientes negativo de una forma positiva, entonces la espiral comienza a subir y a subir.

2. Mensajes: hace algún tiempo recibí el mensaje del organizador de un evento en el que iba a hablar al día siguiente. "Hola, David, espero verte mañana. Me enteré de que eres un gran orador, aunque aún tienes mucho que aprender". En ese instante mi ego se disparó y empecé a enojarme. Le atribuí a ese correo el único sentido posible, un sentido que por eso se había convertido en verdad. Y cuando el ego considera algo cierto, entonces el sí mismo lo hace realidad. Pero después pensé: "Bien, David, pon en práctica lo que predicas...", y respondí: "Gracias, yo también lo espero, y sí, tengo mucho que aprender. Nos vemos el martes". A lo que él contestó: "Sí, me impresiona mucho que no utilices notas ni Power-Point y que te vayas a aprender todo de memoria".

Con esto quiero decir que hay ocasiones en que la gente no está buscando la forma de molestarte. Por ejemplo, cierta vez fui tutor de una chica en una organización benéfica que busca ayudar a que los jóvenes superen las enormes dificultades que han tenido en su vida. Una noche, la chica me envió un mensaje que decía: "Vaya cobarde".

Supe que el mensaje no era contra mí, sino contra ella. La llamé de inmediato y, efectivamente, necesitaba mi ayuda.

La próxima vez que alguien te haga algo parecido, recuerda que se trata de ellos, no de ti. Y si te alteras, es tu decisión. Solo recuerda que es inútil hacerlo y que si te molestas, no estarás en una mejor situación que te ayude a responder de un modo que los beneficie a ambos.

Sé quien de verdad eres

El término "egoísta" es confuso. Creemos que alguien es egoísta solo porque piensa en sí mismo. Sin embargo, si elegimos ser auténticos, con el tiempo demostraremos la actitud opuesta y nos convertiremos en personas completamente generosas.

Y cuando te encuentres en este estado de mente, cuerpo y espíritu, reconocerás la diferencia por lo siguiente.

- Todos los días te preocuparás por ayudar a los demás y las oportunidades para hacerlo llegarán solas, en automático, conforme vives tu vida.

- Te sentirás maravilloso todo el tiempo, irás por el mundo con una sonrisa en el rostro y la gente no sabrá a qué se debe.

- Perderás en las discusiones y te sentirás feliz de que ocurra, especialmente en casa, con tu familia.

También notarás que todos los días actúas desde el amor, ya no desde el miedo o el odio. Lucirás radiante y transmitirás bondad y amor a toda la gente que conozcas. Lo harás mientras hablas con ellas cara a cara, por teléfono o por mail. Y cuando converses, siempre lo harás acerca del tema favorito de tu interlocutor, es decir, sobre él o ella. Estos serán los cambios más sorprendentes a los que te conducirá dicho estado mental.

Esto no significa que cederás a lo que los demás quieren, que no cometerás errores o que no harás cosas que después lamentarás, pero sí que a partir de ahora no volverás a tener miedo de no caerle bien a las personas, porque no te va a importar.

COMO TE AMARÁS A TI MISMO, EL AMOR QUE ATRAIGAS SE DESBORDARÁ EL RESTO DE TU EXISTENCIA.

Habrá a quienes les caerás bien de todos modos, porque te vas a mostrar muy seguro de tu verdadero ser, además tu interés y compasión por los demás será sincero pues siempre pondrás a los otros en primer lugar.

Y entonces sabrás que no se trata de ti.

Nunca se trata de ti.

Y eso está bien.

Momento de reflexionar

La mejor arma

Mi hija Olivia tenía siete años y estaba acostada en la cama haciendo hasta lo imposible para evitar irse a dormir.

OLIVIA: No tengo suficiente amor para dar a todos.

YO: ¿Qué quieres decir?

OLIVIA: Bueno, tengo cien por ciento de amor, pero no es suficiente para todos.

Entonces empezó a repartir los porcentajes de su amor a distintos miembros de la familia y terminó muy triste.

OLIVIA: Así que no tengo suficiente amor para los gatos o para el pez dorado —*ni tampoco mucho para mí*, pensé, sin embargo, lo dejé pasar—. Papi, no tengo suficiente amor para dar a todos.

Le di un gran abrazo y le aseguré que el amor no funciona con porcentajes, porque cómo podrías darle cien por ciento de amor a una persona y cien a otra. El amor es ilimitado y entre más das, más recibes. Mi hija se tranquilizó y cerró los ojos.

OLIVIA: Está bien.

YO: El amor es la mejor arma. ¡Ey!, puede que algún día utilice la frase en un libro.

OLIVIA: (con los ojos aún cerrados, pero ahora completamente tranquila): Si yo fuera tú, no lo haría.

VERDAD 4

LA REALIDAD ES LO QUE HACES CON ELLA

Construimos nuestra propia realidad. Nuestro mundo personal está basado en el significado que le damos o atribuimos a cada evento, pensamiento o instante.

TODOS VEMOS EL MUNDO A TRAVÉS DE DISTINTOS LENTES Y ESO QUIERE DECIR QUE PUEDES ELEGIR CÓMO PERCIBES LAS COSAS. NO LAS VEMOS TAL COMO SON, SINO TAL COMO SOMOS NOSOTROS.

Veamos cómo funciona esto en la realidad.

Dos vendedores de calzado de diferentes empresas viajan a un país lejano para evaluar las condiciones del mercado. Luego de un día de trabajo, el primer vendedor contacta a su gerente y le dice: "En este lugar ni siquiera han escuchado hablar de zapatos, ya no digamos de usarlos… Me regreso a casa en el siguiente vuelo".

El segundo vendedor también se comunica con su gerente y le dice: "En este lugar ni siquiera han escuchado hablar de zapatos, ya no digamos de usarlos... Mándenme todo lo que tengan".

Ahora te comparto otro ejemplo. Lee la siguiente oración:

"No dije que ella se robara el dinero".

Ahora relee sucesivamente esa sencilla oración dándole un énfasis distinto a cada palabra. Cada que cambias el énfasis, la oración adquiere un sentido totalmente distinto.

Ahora revisemos solo una palabra. Leamos.

Fracaso

Intenta definir esta palabra por tu cuenta. Todos tienen una definición distinta para ella, según su experiencia individual y su forma de ver el mundo. Puede que algunas definiciones se parezcan entre sí, pero cada una será un poco diferente.

El fracaso es un sustantivo. Y en esa palabra de siete letras hay un mundo de infinitas posibilidades, ya que nosotros le damos el significado a los sustantivos. Hace muchos años, el poeta inglés Samuel Johnson hizo justamente eso cuando decidió qué significado darle a cada palabra en su famoso diccionario. Si él lo hizo, tú también puedes hacerlo. No creas que le va a importar, pues lleva muerto más de 250 años.

Mi definición del fracaso, por ejemplo, es que se trata de una de las cosas más emocionantes que hay, porque me ayuda a descubrir qué no debo hacer, y eso es fundamental en el camino hacia el éxito. Por esa razón conservo las 47 cartas de rechazo que recibí cuando apliqué para escribir mi primera columna en una revista (¡sí, en aquellos días mandaban cartas!). Amé cada una de las cartas que me mandaron porque siempre logré reponerme de la decepción inicial y aprendí a hacer algo distinto. Lo único que lamenté fue que finalmente me dieran el "sí" luego de 48 intentos, pues quería llegar a las 50. Incluso tenía una botella de champaña especial, lista para la ocasión.

> "—Cuando uso una palabra —dijo Humpty Dumpty con cierto desprecio— significa solo lo que yo quiero que diga, ni más ni menos.
> —La cuestión —dijo Alicia— es si puedes hacer que las palabras signifiquen muchas cosas distintas.
> —La cuestión es —la contradijo Humpty Dumpty— cuál será la que predomine. Eso es todo".
>
> Lewis Carroll,
> *Alicia a través del espejo*

Eso solo quiere decir que el "fracaso" es lo que tú definas. Es tu realidad y tu decisión. Así que, por favor, ¡elige sabiamente!

Ahora definamos otra palabra.

Felicidad

En mi caso, siempre estaré feliz mientras me encuentre en el suelo y siga respirando. Esa es mi regla. Y por eso siempre estoy feliz (salvo cuando viajo en el subterráneo).

Casi todas las palabras tienen múltiples significados. Mi favorita es *comunicación* porque casi todas las encuestas al personal que hacen en las organizaciones llegan a la conclusión de que la "comunicación" necesita mejorarse. Y esto es un reto porque mucha gente tiene una definición distinta de dicho término. Creo que esa palabra tiene tantos significados que prácticamente carece de sentido. ¿No es una ironía?

La idea que te propongo no es redefinir cada palabra del diccionario, sino darle a cada una un significado personal que te ayude.

Es lo mismo que sucede con Humpty Dumpty en *Alicia a través del espejo*. Es algo que hacemos de cualquier forma, así que bien podríamos hacerlo de una que nos resulte útil. Pero esto no solo aplica a las palabras, también podemos incluir los distintos sentidos que le damos a los acontecimientos.

Imagina que vas sentado en un avión que está listo para despegar. Vas relajado leyendo un libro, detrás de ti está sentado un hombre cuyo nerviosismo es muy evidente, casi está petrificado. Es obvio que no quiere volar y el alboroto que está armando amenaza con retrasar el despegue.

¿Cuál es la diferencia entre tú y él? No es la realidad, ya que ambos se encuentran en el mismo avión, en el mismo tipo de asiento y exactamente al mismo tiempo. No es nada de eso, sino su percepción, es decir, cómo cada uno de ustedes elige reaccionar a la situación.

La principal idea que creamos es el tiempo. Este concepto es relativo, no absoluto, y por esa razón:

- Los cinco minutos en la silla del dentista te parecen mucho más largos que los cinco minutos que compartes con alguien que amas.

- El minuto que agregan al final del partido pasa mucho más rápido cuando tu equipo va perdiendo.

- Los humanos literalmente inventamos todos los sistemas para medir el tiempo, las zonas horarias y todo lo relacionado con ellas.

Tu futuro: tu decisión

Los humanos les ponemos etiquetas a las cosas y les damos significado. Y después decimos que, en realidad, así son las cosas. Lo que sucede más tarde depende por completo de ti, invariablemente.

SIEMPRE TENEMOS ABSOLUTO CONTROL Y DOMINIO SOBRE LO QUE DECIMOS, HACEMOS Y CÓMO ACTUAMOS.

Y aunque rara vez podemos controlar lo que otra gente dice, hace y cómo se comporta, sí tenemos poder sobre nuestra forma de reaccionar. No solo respecto a la manera en que las personas se conducen con nosotros, sino frente a los eventos, correos electrónicos, el clima y demás. Y cuando nos hacemos cargo de nosotros y nos responsabilizamos al cien por ciento de nuestro modo de reaccionar, en lugar de alejarnos, nos acercamos más al resultado que buscamos.

Supongamos que un proyecto te sale mal y mientras todos los participantes de la junta se dedican a buscar culpables, tú preguntas: "¿Cómo podría ayudarnos este error a que el proyecto salga a tiempo?".

Recuerda, siempre tienes el control sobre tu forma de actuar y de reaccionar.

El círculo de la realidad

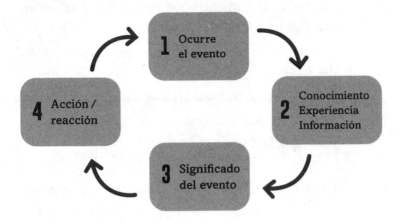

Cuando algo ocurre, iniciamos el "círculo de la realidad":

- **Fase 1:** sucede el evento. Puede ser un pensamiento o algo que se dijo o se hizo. Para proteger nuestra energía, el ego pregunta de inmediato: ¿qué significado tiene lo que sucedió?

- **Fase 2:** para responder la pregunta consultamos nuestro conocimiento del pasado (todo lo que hemos aprendido), nuestras experiencias (todo lo que hemos vivido) y nuestra imaginación. Y de estas tres áreas, ¿cuál "gana" como factor principal para determinar el significado? Siempre es la imaginación. Y por un amplio margen. Eso se debe a que en el momento no podemos recordar todo el conocimiento que hemos acumulado ni evocar todas nuestras experiencias, así que rellenamos los huecos con lo que inventamos y solo después reaccionamos.

- **Fase 3:** lo que imaginamos determina el significado que le damos al evento.

- **Fase 4:** actuamos / reaccionamos en consecuencia, lo que, desde luego, es otro evento en sí mismo. Y así empezamos de nuevo, una y otra vez, en cientos de ocasiones al día, miles de veces a la semana y millones al año.

Más adelante retomaré el círculo para mostrarte cómo podemos controlar nuestros pensamientos, significados y reacciones, en lugar de que ocurra lo contrario.

NUESTRA MENTE VA DE FORMA AUTOMÁTICA HACIA DONDE APUNTAN NUESTROS PENSAMIENTOS DOMINANTES.

Por eso, lo que pensamos define en qué nos convertimos. Para que veas por ti mismo cómo funciona, prueba este experimento.

Actividad:

El péndulo

Cuando tu mente se concentra exclusivamente en un solo punto o idea, tu cuerpo responde.

Para comprobarlo, vas a necesitar un sencillo péndulo, que puedes elaborar con un trozo de hilo y un objeto pesado amarrado en el extremo.

1. Sostén el extremo libre con el pulgar y el dedo índice, el peso debe quedar en la punta inferior.

2. Mantén quieta tu mano y siente cómo se queda inmóvil.

3. Cierra los ojos (¡pero primero lee el resto de las instrucciones!).

4. Visualiza cómo el péndulo se balancea de ida y vuelta. Imagínalo y velo solo con tu mente. Observa mentalmente cómo se mueve atrás y adelante. Atrás y adelante.

5. Mantén completamente quieta tu mano todo el tiempo. Haz la prueba en tu mente durante un minuto y luego abre los ojos.

Vas a darte cuenta de que el péndulo se mece de un lado a otro. Entre mayor sea la oscilación, significa que tu visualización fue más intensa. La anterior fue una muestra de cómo tu mente busca ayudarte. La explicación del experimento se basa en los movimientos involuntarios de los músculos de la mano, que provocan el balanceo. Nuestros procesos mentales causaron dichos movimientos, ya que los pensamientos e ideas son capaces de producir gestos micromusculares apenas perceptibles. El péndulo los registra y amplifica, produciendo este efecto sorprendente.

Cuando creemos que algo es cierto, vemos el mundo de ese modo

Al principio de este capítulo te expliqué la forma en la que interpretamos los eventos que sostienen nuestras creencias. Esto se relaciona con el papel que tiene el sí mismo para apoyar lo que piensa el ego.

En la página siguiente encontrarás un ejercicio que te ayudará a distinguir la "realidad" de lo que imaginamos con intensidad emocional.

Actividad:

¿Qué es la realidad?

Este experimento busca ilustrar cómo nuestras mentes no alcanzan a distinguir entre algo que ocurre en la "realidad" y algo que imaginamos con intensidad emocional.

1. Levántate y señala con tu brazo derecho o izquierdo lo que haya directamente enfrente de ti.

2. Sin mover tus pies y piernas, gira tu cintura y mueve tu brazo, si es el derecho, a la derecha; si es el izquierdo, a la izquierda. Tuércete lo más posible. Dirige tu brazo lo más que puedas por detrás de tu espalda y ve qué tan lejos llega.

3. Observa y luego regresa el brazo a tu costado.

4. Ahora cierra los ojos e imagina que haces lo mismo, pero mantén tus brazos físicamente a los costados: imagina que señalas frente a ti con tu brazo, luego que lo mueves hacia la derecha o la izquierda, igual que hiciste en el primer ejercicio.

5. Cuando en tu cabeza llegues a la altura que alcanzaste en el primer ejercicio, vas a notar que ocurre algo extraordinario, porque tu brazo se desplazará con facilidad, sin esfuerzo y en automático otros 10, tal vez 15 o incluso 20 centímetros más. Al hacerlo, imagina qué tan lejos puede llegar tu brazo.

6. Ahora repite físicamente lo que acabas de imaginar: de nuevo, señala directamente lo que haya frente a ti con tu brazo izquierdo o derecho.

7. Sin mover tus pies ni piernas, y girando tu cintura, mueve tu brazo derecho a la derecha o el izquierdo a la izquierda, girando lo más posible hacia atrás.

8. En esta ocasión vas a observar que tu brazo llega mucho más lejos del punto que alcanzó la primera vez, probablemente a la altura que imaginaste, si no es que más lejos.

Siempre, y repito siempre, eres capaz de lograr mucho más de lo que crees. Y la forma de demostrarlo es creer en ello. Mucha gente dice: "lo creeré cuando lo vea". Pero ahora tienes la opción de decir: "lo veré cuando lo crea".

Tu realidad, tu vida, tu decisión

¿Es cierto este título? "Sí, porque como ser humano, estoy de acuerdo en que creamos nuestra propia realidad. Creamos la realidad de las palabras, de las situaciones y de todo lo que imaginamos. Todas nuestras reacciones, opiniones, creencias y, en pocas palabras, nuestras verdades se reducen a esto. Siempre es nuestra decisión".

"No, porque como ser humano, no estoy de acuerdo en que nosotros creamos nuestra propia realidad. No creamos la realidad de las palabras, de las situaciones ni de nada de lo que imaginamos".

"Lo siento, David, no concuerdo contigo, mi realidad es distinta de la tuya…"

"Vaya… Me acabo de dar cuenta de que es verdad porque no creo que sea verdad. Como decidimos algo distinto, eso demuestra que nosotros elegimos nuestras creencias, realidad y vida".

Ojo con la brecha

Esto no se refiere al espacio que separa al andén del tren subterráneo, sino a la "brecha de infinitas posibilidades". Se trata del lugar donde tu futuro, tu vida y lo que te sucede ahora se encuentran total y absolutamente bajo tu control, y el de nadie más.

Te pido que por favor reflexiones un momento sobre lo anterior. Gracias. Eso es todo lo que vas a recibir, apenas un instante.

Así es, la brecha es tremendamente estimulante y poderosa, aunque también es bastante breve. Aun así, la buena noticia es que, con algo de práctica, puedes volverte consciente de ella y conseguir que dure un poco más.

LA BRECHA CAMBIA TODO EL PANORAMA PORQUE NOS PERMITE (A TI, A MÍ Y A QUIEN SEA) DARLE DISTINTOS SIGNIFICADOS A LAS SITUACIONES.

La brecha en el círculo de la realidad

Como siempre, cuando algo sucede activamos el círculo de la realidad:

- **Fase 1:** sucede el evento. Puede ser un pensamiento o algo que se dijo o se hizo. Para proteger nuestra energía, el ego pregunta de inmediato: ¿qué significado tiene lo que sucedió?

- **Fase 2a:** para responder la pregunta, consultamos nuestro conocimiento del pasado (todo lo que hemos aprendido), nuestras experiencias (todo lo que hemos vivido) y nuestra imaginación. Y de estas tres áreas, ¿cuál "gana" como factor principal para determinar el significado? Siempre es la imaginación, y por un amplio margen. Eso se debe a que en el momento no alcanzamos a recordar todo el conocimiento que hemos acumulado ni a evocar todas nuestras experiencias, así que rellenamos los huecos con lo que inventamos y solo después reaccionamos.

- **Fase 2b:** entramos a la "brecha de infinitas posibilidades" y de opciones ilimitadas, en la que se retoma el control de todo. En la brecha hacemos una pausa y nos preguntamos: ¿el significado que le doy a este suceso me ayuda o me estorba? Es genial si me ayuda, así que me quedo con ese significado. Pero si me estorba, debo encontrar un sentido distinto que me resulte más útil. Por ejemplo, tu pareja discute algo, así que pones en movimiento el círculo y estás a punto de calificar de trivial lo que él o ella te dijo, pero te detienes en la brecha y te dices algo como: "Espera, si trivializo este comentario, vamos a tener una pelea tremenda. Esto es importante para mi pareja, a quien amo, así que me debe importar".

- **Fases 3 y 4:** ahora le das al incidente un significado totalmente distinto y completas el círculo.

Te comparto otro ejemplo de la diferencia entre seguir la inercia y entrar en la brecha.

Digamos que empieza a llover y piensas: "Qué mala noticia, comenzó a llover, ¡hasta ahí llegó mi plan de arreglar el jardín!".

Aunque también podrías pensar: "¡Qué buena noticia, empezó a llover! Eso quiere decir que terminó la estación seca, el césped y las plantas de verdad lo necesitaban. ¡no puedo esperar a que llegue el fin de semana para arreglar el jardín!".

Sé que debemos darles sentido a las situaciones de la vida, porque si no lo hiciéramos no podríamos funcionar. Pero a lo que me refiero es que tenemos la capacidad de elegir nuestros propios significados. En el ejemplo anterior, la única realidad irrefutable es que comenzó a llover. Fuera de ese hecho,

LO QUE INTERPRETEMOS DEPENDE DE LO QUE SEPAMOS Y DECIDAMOS.

La brecha es el momento para ser conscientes y estar alertas, vivos, para hacer una pequeña pausa, detener el tiempo y evaluar cuál es el sentido más útil, antes de elegir a conciencia la respuesta más adecuada y provechosa. La llamamos "brecha de posibilidades infinitas" porque justo eso es lo que tienes. Si estás atento a ella, esta durará más y vendrá acompañada de más opciones y fuerza.

- Una mañana después de levantarte, podrías decidir que el sentido de ese día será que todo saldrá bien, que todo lo que te digan las personas que te rodean será positivo. Ahora observa qué ocurre.

- O puede que des un paso más y decidas que cada uno de los sucesos que sucedan en tu vida te van a acercar más a tu sueño, a conseguir el resultado que buscas o alcanzar tu objetivo. Después observa qué ocurre.

POR LO TANTO, ESTO QUE LLAMAMOS VIDA TIENE EL SENTIDO QUE DECIDAS DARLE.

Así que, por favor, elige con sabiduría el significado que vayas a darle: que sea uno que te ayude a ti y a quienes te rodean.

Si te sientes valiente y quieres descubrir un espacio de perfecta armonía, entonces elige que todo lo que te suceda, lo que te rodea y lo que hay en tu interior está ahí para ayudarte. Todo, incluidas estas palabras. Pregúntate a diario: ¿de qué forma este suceso, esta persona, este día, me va a ayudar a conseguir el resultado que busco? Y ¿de qué manera este momento me ayuda a ayudar a alguien más a que logre su objetivo?
¿Cómo te hace sentir esta propuesta? Puede ser que el estrés que sentías sea cosa del pasado, de uno muy lejano, que quedó atrás.

VERDAD 5

PUEDES CALLAR LA VOZ DE TU EGO

Sabes a qué voz me refiero: la que todos los días te dice que no eres suficientemente bueno, que no mereces ser exitoso y que tienes mucho de qué preocuparte. En pocas palabras, es la que te dice que lo hiciste, lo estás haciendo y lo seguirás haciendo mal. En ocasiones se disfraza de una voz más dulce. Justo ahora, por ejemplo, quizá estás pensando: "Ahí va de nuevo a hablar de esa voz, ya basta, David".

A esa me refiero, la que te acaba de decir lo anterior. Que no te engañen sus disfraces: es la misma voz que ahora está en alerta máxima y todo el tiempo nos dice que lo hacemos mal.

A LO LARGO DE NUESTRA VIDA, ESA VOZ MOLESTA NOS RECUERDA EN QUÉ NOS HEMOS EQUIVOCADO. Y SI LO PIENSAS BIEN, NO ES MUY ÚTIL, PORQUE EL PASADO YA PASÓ.

Y la voz no viene acompañada de una máquina del tiempo con la cual podamos regresar y hacer las cosas de otra manera.

En el tiempo que nos quede de vida, esa voz criticona no va a dejar de señalarnos lo que haremos mal, incluso antes de tener la oportunidad de equivocarnos. Cuando tengas un sueño, una nueva idea o una ambición, esa voz entrará en tu cabeza como un rayo para cuestionarte: "¿Cómo lo vas a conseguir?". Y si respondes: "No sé", va a sentenciar: "Si no sabes cómo, entonces no puedes lograrlo".

Por esa razón es crucial distinguir el "qué" del "cómo".

La próxima vez que la voz te pregunte: "¿Cómo lo vas a conseguir?", respóndele: "Todavía no lo sé". Cuando vuelvas a leer esas cuatro palabras, mentalmente vas a sentir que el "qué" y el "cómo" se separan poco a poco y dejan en ti un fuego, una esperanza y un entusiasmo renovados para que vayas tras aquello que buscas.

Muy pronto la voz enmudecerá. Así es, esa voz íntima e infernal que tal vez te ha acompañado la mayor parte de tu vida simplemente va a enmudecer, a disolverse y a desaparecer.

¿Qué se sentirá dejar de escuchar esa voz interna que te juzga, te regaña y es un obstáculo para lograr tus sueños? Imagina que ahora mismo está sucediendo eso. El control que ejerce sobre ti se reduce, deja de envolverte y se queda a tu lado, cerca pero separado de ti, hasta que por fin sale y se aleja. Es como si flotarás sobre una nube. ¿Alcanzas a sentir cómo crece tu comodidad? Ahora imagina una escena muy tranquila, pacífica y hermosa. Tú estás en el centro de ella.

El segundo objetivo principal del ego es impedir que tomes riesgos u oportunidades: evita que digas lo que realmente crees para que no te abucheen o te frena al perseguir tus sueños para que no te sientas o parezcas un estúpido en el futuro. Y después amablemente arma una imagen potente, vívida y real en tu cabeza (recuerda que la mente no distingue entre lo que sucede en la realidad y las imágenes emocionalmente intensas), que es más que suficiente para impedir que sigas pensando en lo que quieres.

La parte verdaderamente extraña e ilógica de este proceso es obvia, pues el futuro, tu futuro, ni siquiera ha tenido lugar.

PERO A DIFERENCIA DEL PASADO, SÍ PUEDES MOLDEAR, DISEÑAR E INFLUIR EN TU FUTURO.

Sin embargo, al ego le asusta esa posibilidad, así que te desalienta para que no actúes, mucho antes incluso de que siquiera lo hayas intentado.

El mayor engaño que nos hacemos por medio del ego es convencernos de que el "ahora" no existe. ¿Cómo se supone que podemos vivir en él o experimentarlo si es una especie de ficción escurridiza? Y este oscuro truco de magia negra ha provocado que todos sigamos buscando algo que en realidad ya está en nosotros. En fechas recientes, incluso ha habido un enorme aumento en la venta de libros holísticos y de autoayuda, evidente en la avalancha de publicaciones relacionadas con el *mindfulness* o atención plena.

El ego: esa voz imaginaria

La siguiente es una verdad sencilla: esa voz molesta, incesante e implacable no es real, es imaginaria. Y las voces, miedos y sentimientos imaginarios requieren soluciones también imaginarias. Si durante años has querido deshacerte de ella, ¿qué has hecho para conseguirlo?

La gente me ha compartido sus cuatro estrategias principales (la tercera y la cuarta son las más comunes):

1. La distraen. La gente comienza a pensar en un nuevo tema, creyendo erróneamente que esto va a funcionar. Pero no sirve, porque lo único que sucede es que la voz solo se traslada a tu nuevo hilo de pensamiento, sea el que sea. Vamos, ¿de verdad creías que iba a ser tan fácil? No olvidemos a quién le estás hablando: a ti mismo.

2. La ignoran. De nueva cuenta parece una solución fantástica de inicio: ignórala y sigue adelante. Pero ¿cómo lo vas a conseguir? La voz que te está gritando "¡ignórame!" es justo dicha voz o, si por casualidad es la voz del sí mismo que te murmura algo positivo, no puedes ignorarla sin más, a menos que estés dormido, hipnotizado o viviendo plenamente en el momento.

3. Le ordenan que se vaya. La gente a veces intenta convencer a la voz, y a sí misma, de que es un error lo que dice.

4. Discuten con ella. Esperan convencerla (convencerse) de que está mal lo que ella dice.

Quizá creas que estas son las medidas más efectivas porque las personas las utilizan con más frecuencia para silenciar su voz interior. Pero estás equivocado.

¿Alguna vez te ha pasado esto? Estás acostado en la cama, tratando de dormir mientras repasas lo que pasó durante el día. El primer indicio de la voz, sobre todo en la noche, no surge en la mente sino en tus vísceras. La sensación es como un duro golpe en el cuerpo que recorre tu columna vertebral con un escalofrío y te llena de miedo. Y ahora tratar de dormir te parece una posibilidad muy lejana…

Piensas: *Normalmente no hubiera dicho eso. ¿Por qué lo hiciste? Es obvio que fue una estupidez decirlo… ¿Te fijaste en la reacción de la gente cuando te escuchó? ¿Qué te pasa, acaso eres imbécil?*

Razonas a solas. Hablas, discutes y peleas contigo, ya sea en silencio o incluso en voz alta.

¿Cuántas personas hacen falta para empezar una discusión? Casi todos responderán que dos, pero un psicólogo te dirá que solo una. Y el psicólogo está en lo correcto, pues solo se necesita que tú y tu ego se pongan a pelear como si tu felicidad dependiera de ello. Lo cual, sin duda, es verdad.

Tu felicidad, confianza y tranquilidad dependen de que le ganes al ego la discusión mientras estás acostado en la cama. Pero solo lo consigues a medias cuando logras convencerte de que el correo que te envió tu jefe no era para tanto, que en realidad no significaba lo que tú creías y que todo sigue de maravilla. Al final, el agotamiento hace que te quedes dormido. Cuando te despiertas en la mañana, puede que la voz de tu ego de inmediato te salude: "¡Buenos días! Sigues vivo, gocemos del maravilloso día que nos espera. Ah, por cierto, no estoy muy seguro de que todo esté bien con el correo que te mandó tu jefe. ¿Podemos platicarlo para que puedas olvidar el incidente y disfrutes tu día?".

Por desgracia, lo que en realidad ocurre es que al despertar ese comentario te golpea de nuevo en el estómago con toda su fuerza y hace que te preocupes igual que antes. Echa por tierra todo el trabajo que hiciste para convencerte la noche anterior. No parece justo, es cierto, pero

EL EGO NO ES JUSTO NI INJUSTO, PORQUE SOLO BUSCA PROTEGERTE, AUNQUE A MENUDO TERMINE SOBREPROTEGIÉNDOTE.

Este ejemplo es una evidencia más de que cuando la razón y la lógica se enfrentan a la emoción y los sentimientos, estos últimos siempre saldrán victoriosos.

La lucha contra tu ego no solo es interminable, sino que además hace que su voz sea mucho más fuerte. Y esa es la única manera en que su tono negativo logra sobrevivir. Gracias a otros aspectos de tu vida sabes que pelear o discutir con alguien (ya sea tu pareja, un familiar, un colega o, en este caso, tú mismo) solo complica el problema.

Entonces surge la gran pregunta: si definitivamente no funciona ninguna de estas estrategias, ¿por qué la gente insiste en usarlas? Se debe a que ignoran la siguiente técnica infalible, sencilla, efectiva y poderosa. Esta se asegurará de que conserves la calma y te mantengas centrado y completamente relajado estés donde estés, sin importar si es de día o de noche.

Dicha técnica está diseñada para ti y para el sí mismo, tu eterno y amoroso amigo espiritual, y le permitirá pasar a un primer plano.

Silencia la voz del ego... para siempre

Todo lo tratado a lo largo del capítulo no ha sido un mero relleno, su función ha consistido en mantener tu ego a raya y prepararlo para este momento. Ahora que estás un poco más tranquilo, está listo.

Mucho de lo que he escrito le parecerá muy obvio, repetitivo y aburrido a tu ego. Pero eso es precisamente lo que buscábamos.

QUERÍAMOS TENERLO DE NUESTRO LADO, PORQUE LO NECESITAMOS EN NUESTRA VIDA, PERO NO QUERÍAMOS TENERLO UNA Y OTRA VEZ CONTRA NOSOTROS.

Necesitábamos una manera, quizás una guía o una estrategia para silenciarlo cuando quisiéramos. Eso te permitiría tener el control de tu ego en lugar de que sea él quien te controle.

En un instante vas a escuchar la voz inútil de tu ego y harás algo muy simple que logrará callarlo, ablandarlo y evaporarlo en silencio. Le estoy advirtiendo a tu ego parlanchín: están a punto de cerrarte la boca. Y quizá notes (quizás lo estés notando en este momento) que entre más fuertes se escuchen esas palabras, en lugar de hacer más potente la voz dura y negativa de tu ego, le están restando poder y la debilitan ligeramente. Incluso puede que antes de que utilicemos la técnica, comiences a notar cómo baja el volumen. Si no se apaga por completo, por lo menos sí es más baja que antes.

Actividad:

¿Cómo silenciar tu ego?

Donde quiera que estés en este momento, por favor, reconoce la voz de tu ego. Y si te preguntas "¿cuál voz", ¡es la que te hizo esa pregunta! Escucha la conversación de tu ego.

1. Y ahora, con absoluta seguridad, confianza y amor repite en silencio: "gracias". Al tiempo en que lo dices, exhala profundamente y siente cómo la respiración desciende por tu boca, pasa por tu cuello y estómago hasta que el aire esté afuera por completo.

2. Tu voz se va a callar, se está quedando en silencio y enmudece por completo.

3. Ahora inhala.

4. Repite "gracias".

5. Tu voz se va a callar, se está quedando en silencio y enmudece por completo.

Silencio.

Tal vez notes en ese silencio un murmullo muy suave que entra en tu cabeza, escúchalo. Libre de la voz del ego, la voz del sí mismo te acompaña, está dentro de ti ahora mismo. Es suave, amorosa y amable. Y en este momento te susurra un simple "te amo".

Desde luego, *gracias* es una palabra muy sencilla que empleamos para aceptar un cumplido, la decimos en privado, con cariño y en silencio. Eso es todo.

En este momento tu presión arterial habrá disminuido. Si tienes alguna aplicación o un reloj que la mida, echa un vistazo y compruébalo. Tanto tu respiración como tu pulso deben ser más lentos ahora. Eso es. Muy bien.

La verdad 5 ha hecho que la voz de nuestro ego pase de ser una molestia a ser incómoda, a darte la posibilidad de relajarte y, después, a rendirse por completo para encontrar una paz absoluta.

Momento de reflexionar

Lo único que tu voz interior siempre ha querido es ser reconocida, respetada y amada.

Amada.

En este momento, justo ahora, alcanzarás a escuchar sonidos a tu alrededor y a percibir escenas o maravillas de las que antes quizá no eras consciente. O puede que las que antes notabas, ahora las percibas con una renovada claridad.

Estás completamente presente, aquí y ahora, y es como si solo estuviéramos tú y yo, nadie más. Y en cuanto te des cuenta, de inmediato surgirá tu otra voz, la de tu verdadero ser que murmura: "Te amo".

VERDAD 6

¿POR QUÉ HACES LO QUE HACES?

Por favor, no te dejes engañar por la extensión de este capítulo. Cuando se habla con la verdad, con frecuencia menos es más.

La revista *New Scientist* alguna vez publicó en su portada el siguiente titular: "Es irrisoria la idea de que los seres humanos son racionales". Sí, quizá seamos irracionales, pero esta es la cuestión: somos previsiblemente irracionales. Como humanos solo damos lo mejor de nosotros por una razón, y solo una: hacemos las cosas solo si queremos.

Uno de los mayores secretos de la conducta humana consiste en saber por qué hacemos lo que hacemos. Eso incluye conocer por qué tú, tus amigos, tus familiares y todos los habitantes del planeta se comportan tal como lo hacen.

LAS PERSONAS SOLO DAN SU MAYOR ESFUERZO POR UN MOTIVO, SOLO UNO: PORQUE ELIGEN HACERLO.

Además, actúan basándose en las opciones que creen tener a la mano en ese momento y que generalmente se relacionan con su propia imagen y la posibilidad de conseguir algo placentero o evitar algo doloroso. Recuerda lo siguiente.

- Siempre puedes decidir. Con frecuencia tienes más opciones de las que percibes. Y cuando creas que te quedaste sin alternativas, ten en cuenta esto: no es así.

- Este libro tiene que ver con la confianza en ti mismo y tu autoestima.

- El dolor y el placer tienen la definición que tú les des. Si de verdad quieres la voluntad para hacer cambios en tu vida, considera cuánto aumentaría el dolor si no actúas y también ten en cuenta el placer que te provocaría lograr el resultado que sueñas.

Bien, ahora sabes por qué todos, incluso tú, hacen las cosas.

Actividad:

Los ocho secretos de los niños felices

He aquí algunos consejos para que los padres y abuelos ayuden a que los menores aumenten su autoestima y, en consecuencia, tengan más opciones.

1. Dile que sí al niño tantas veces como le dices que no. El pequeño necesita saber qué hace bien y no solo en qué se equivoca. Con que hagas esto verás cómo crece con mayor autoestima.

2. Todos los días dile cuánto lo amas, en especial en la noche: que sea lo último que escuche antes de irse a dormir.

3. Cuando los felicites, sé específico en qué los estás reconociendo.

4. Anímalos a que sepan cómo pensar y no les impongas qué pensar: cuida que tus opiniones no suenen como hechos. Y escucha lo que te dicen, escúchalos de verdad.

5. Juega o busca estar con ellos cuando te lo pidan. No funciona si lo haces cinco minutos después.

6. Recuerda que los niños son muy despiertos y listos desde que nacen, así que nunca los subestimes (de hecho, cuando hables con ellos, arrodíllate para estar a su altura).

7. Muéstrate genuinamente interesado en lo que les importa, ya sea un programa de televisión, un libro o un hobby, y no juzgues sus gustos musicales como tus padres hicieron contigo. Cuando te sientes con tus hijos a ver su programa favorito, te explicarán lo que ocurre, quiénes son los personajes y demás como una forma de demostrar que les encanta que los acompañes.

8. Si tu hijo o hija te dice que de grande quiere ser astronauta u otra profesión igual de ambiciosa, no le "digas la verdad" sobre lo difícil que sería lograrlo ni les expliques cuánto estudio, dedicación y trabajo necesitaría para conseguirlo. En lugar de eso dile: "Y serías un muy buen astronauta". Ellos necesitan saber que todo es posible. Además, puede que mañana quieran ser algo distinto y ¿qué derecho tenemos para imponerle a sus sueños sobre el futuro nuestras creencias limitadas?

LAS PERSONAS
SOLO DAN SU MAYOR
ESFUERZO POR UN
MOTIVO, SOLO UNO:
PORQUE ELIGEN
HACERLO.

VERDAD 7

¿GUERRA O PAZ? TÚ DECIDES

Esta verdad combina los métodos conscientes del ego e inconscientes del sí mismo para crear un coctel con las técnicas mejor sustentadas, más prácticas y poderosas que he descubierto. Siguiendo lo que hemos tratado en el libro hasta aquí, este será un capítulo práctico para ayudarte a superar siete desafíos, problemas o guerras internas en los que solemos enfrascarnos con nosotros mismos y con los demás, ¡y en ocasiones al mismo tiempo!

Esto te dará una herramienta que podrás aplicar en el mundo real. O si no, te dará una experiencia práctica basada en ti, en tus percepciones y en los filtros que usas para ver el mundo. Además, voy a explicarte por qué funciona cada solución que te propongo.

Los siete desafíos que te enseñaré a superar son los siguientes:

1. ¿Cómo reducir la tensión durante una discusión?

2. ¿Cómo lograr el éxito de la forma más rápida?

3. ¿Cómo acabar con una fobia?

4. ¿Cómo perdonar?

5. ¿Cómo hacer que tu mente controle tu cuerpo?

6. ¿Cómo cambiar lo que quieras en tu vida de la manera más rápida posible?

7. ¿Cómo hacer las paces con tus padres? Ya sea que sigan vivos o no.

1. Reducir la tensión durante una discusión

Cuando buscas suavizar una discusión o reducir la respuesta negativa que alguien tiene frente a un conflicto, puedes distraer su atención de la situación y de las emociones que lo vinculan a ella y luego redirigirla hacia otra cosa.

LOS MAGOS SON MAESTROS DE LA TÉCNICA DE LA DISTRACCIÓN, SU IMPACTO ES ASOMBROSO.

De pequeños, mis hijos Olivia y Anthony solían pelear mucho. Cuando ella tenía cinco años, un día fue a buscarme muy molesta y enojada. Un año antes probablemente le habría dicho algo como "tranquilízate" o "deja de llorar", pero estas medidas ya no funcionaban.

Quería calmarla y en el fondo ella buscaba lo mismo, aunque en ese momento no se diera cuenta. Sin embargo, estaba tan molesta que no sabía cómo hacerlo.

> YO: ¿Qué pasa?
>
> OLIVIA (llorando enojada): Anthony me pegó y…
>
> YO (interrumpiéndola y señalando a la ventana): Espera, Olivia, mira a Arthur.

Arthur era uno de nuestros gatos y estaba dormido afuera de la ventana, en su lugar favorito: el techo del cobertizo. Olivia se detuvo a media oración y volteó a verlo por un segundo, antes de que yo le preguntara: "Perdón, Olivia, ¿qué me estabas diciendo?"

Mi hija me miró confundida, incapaz de sentir los niveles de enojo y furia que la habían abrumado hacía unos momentos, porque se habían ido.

¿Por qué funciona?

Cuando Olivia me buscó, lo que le había provocado tanto enojo (la pelea con su hermano) había rebasado su punto crítico. Estaba fuera de control y sentirse así hacía que sus sentimientos fueran aún más intensos (una de las principales causas de estrés es cuando sentimos que no tenemos el control). Si me hubiera puesto a hablar con ella sobre lo que sentía, acerca del objeto de la pelea, de su hermano o del motivo de la riña, ella hubiera seguido furiosa. Al distraer su atención de lo que sentía, sus sentimientos se disiparon.

2. Lograr el éxito de la forma más rápida

Para ser muy exitoso en algo rápidamente solo debes copiar lo que alguien más hizo para conseguir lo mismo que tú buscas. Eso es todo.

Solo pregúntales y así podrás averiguar lo que hicieron. Cuando lo hagas, asegúrate de usar la siguiente frase en tu pregunta: "Apreciaría enormemente tu ayuda, asesoría y consejos". ¡Y esto no es trampa!

¿Por qué funciona?

Es un gran inicio en tu recorrido hacia el éxito. Y, a medida que continúes, le imprimirás tu propia personalidad, enfoque e ideas a lo que hagas, lo volverás tuyo.

3. Acabar con una fobia

Esta técnica, la "cura rápida del miedo y las fobias", te ayudará a eliminar por completo cualquier fobia.

¿A qué le tienes miedo? En este apartado voy a hacer de cuenta que le temes a las arañas (como nos pasa a muchos), pero por favor busca sustituirlo por tu propio miedo.

1. Si le temes a las arañas, piensa en ellas ahora mismo.

ARAÑAS

2. Vas a experimentar el miedo en la boca del estómago. Cierra los ojos y siéntelo. No se va a quedar quieto, si lo hiciera, no te afectaría. Tu miedo se va a mover. Imagina sus desplazamientos como largas flechas rojas que dan vueltas. Date cuenta si las flechas giran en dirección de las manecillas del reloj o en sentido contrario. Digamos que tu sensación es muy intensa.

3. Ahora prepárate para atestiguar algo tan increíble y sorprendente que casi parece un truco de magia. Siente en este instante que el movimiento se vuelve más lento… hasta que las flechas se detienen.

4. Obsérvalas, siéntelas. Visualiza cómo se vuelven cada vez m á s l e n t a s… hasta que por fin se detienen y se quedan quietas dentro de ti.

5. Ahora haz que las flechas cambien de color rojo a azul.

6. En cuanto te concentres en su quietud (ahora lucen un suave color azul, reconfortante y natural), de inmediato sentirás que se reduce la fuerza, la tensión y el dominio que el miedo tiene sobre ti. Estos cambios no duran años. Como quizá desarrollaste tu miedo o tu fobia en segundos, tiene sentido que puedas acabar con él en un tiempo similar.

7. Ahora visualiza, siente y trata de escuchar cómo comienzan a moverse esas hermosas flechas azules en la dirección opuesta, de nuevo de una forma muy l e n t a. Giran y giran, ni muy rápido ni muy lento, sino con cadencia, ritmo y armonía perfectos, a una velocidad cómoda, reconfortante y adecuada para ti.

8. Y conforme se mueven, y debido a la forma en que se desplazan (su dirección, su color y flujo), todos los sentimientos negativos han sido sustituidos por sentimientos más potentes de ser uno contigo mismo, con el mundo y con todos sus habitantes. Y eso está bien.

Y ahora estás bien.

¿Por qué funciona?

Solo se puede acabar con los miedos imaginarios por medio de soluciones imaginarias. Si algo hace que te sientas mal, lo opuesto muy a menudo tendrá el efecto contrario. Recuerda que sin importar qué tipo de miedo o fobia sufras, no lo tenías al nacer (excepto el miedo a los ruidos fuertes o a caerte). La fuerza con que te controla depende de tu resistencia. Pero si lo dejas ir y lo sustituyes por un sentimiento más natural, entonces vuelves a ser tú mismo, tal como el día en que naciste. Sí, eres tú, el verdadero tú. Tal cual.

4. Perdonar

Por experiencia personal sé lo siguiente:

PERDONAR A LOS DEMÁS ES UNA DE LAS COSAS MÁS VALIENTES, DIFÍCILES Y EMOTIVAS QUE PODEMOS HACER.

Si quieres perdonarte a ti o a otros, puedes realizar una técnica llamada Jingi, que conduce a la paz y el perdón. La palabra es japonesa y no tiene traducción al español. Para mí, los términos y sentimientos que más se acercan a su significado son humanidad, redención y paz contigo mismo.

1. Encuentra un lugar tranquilo para relajarte y estar en paz. Imagina que te cubre una cortina o una capa morada. Busca un morado oscuro y que la capa sea larga y amplia, y deja que fluya sobre ti. Respira, relájate y cierra los ojos.

2. Ahora deja que las personas con quienes has discutido, te has peleado, has lastimado o te han herido lleguen a tu mente, una por una. Salúdalos cuando entren a tu mente y obsérvalos por unos segundos. Están a cierta distancia de ti, casi como si los estuvieras viendo en una pantalla de cine. Quizá puedas empezar con un profesor que tuviste en la escuela.

3. Ahora déjalos ir, ve cómo se alejan caminando. Velos hacerse cada vez más y más pequeños en la pantalla, hasta que desaparecen de tu mente para siempre. Y mientras los dejas ir, di en voz alta o en tu cabeza: "Elijo tener paz".

4. Elijo tener paz.

5. Nota cómo al leer de nuevo estas tres palabras y repetirlas en silencio, o en voz alta solo para ti, gradualmente comienzas a relajarte, como si te hubieran quitado un enorme peso de los hombros.

A continuación, por favor recuerda momentos agradables y permite que se desplieguen a toda velocidad en tu mente. Tal vez quieras conservar esos pensamientos reconfortantes durante algún tiempo, el que tú decidas. ¿Prefieres quedarte con esos sentimientos edificantes o mejor relajarte cómodamente durante los próximos segundos?

¿Por qué funciona?

Este método está repleto de técnicas: placebos, asociaciones, disociaciones, imaginación vívida, sustituir lo negativo con algo positivo, y todas ellas están apiladas una encima de la otra.

5. Usar la mente para controlar tu cuerpo

Mi esposa Rosalind y yo llevamos casados más de diecinueve años y hace poco se presentó un verdadero problema con nuestro matrimonio: mi anillo de bodas me quedaba muy apretado, aunque mi hija me dijo que había "engordado demasiado". En cualquier caso, necesitaba que ajustaran su tamaño. El problema era que sin importar qué hiciera, no podía quitarme la sortija. Estaba en medio de una paradoja, pues el hecho de que el anillo estuviera tan apretado restringía la circulación sanguínea de mi dedo y eso hacía que se hinchara aún más.

Me sugirieron que fuera con un joyero para que cortara la sortija. Investigue en línea y las experiencias de otras personas con este procedimiento me convencieron de que cortarla era la opción más peligrosa. ¿Qué podía hacer?

TOMÉ LA DECISIÓN CORRECTA. IBA A QUITARME EL ANILLO DEL DEDO USANDO EL PODER DE MI MENTE.

Me senté y cerré los ojos. Sujeté con delicadeza la sortija, con mis dedos pulgar y medio de la mano derecha. Imaginé que el anillo era un tornillo y que mi mano derecha era un desarmador, mientras no paraba de repetirme: "anillo muy grande, dedo muy pequeño". Y de ese modo, lentamente, lo comencé a desenroscar.

Cuando llegué a la articulación, la voz de mi ego se entrometió: "No, así definitivamente no va a salir". Le di las gracias a la voz, se disolvió, y la sustituí con la seguridad absoluta de que el anillo estaba saliendo poco a poco con cada vuelta que le daba.

Aquello duró poco más de tres minutos y, justo cuando la voz negativa comenzaba a regresar más segura de sí y ruidosa, con las evidencias acumulándose en mi contra… ¡sorpresa! El anillo consiguió librar la articulación y se deslizó fácilmente por mi dedo. ¡Estaba tan sorprendido que estuve a punto de tirar la sortija!

Cuando la joyera por fin midió mi dedo y el anillo, calculó que necesitaba ampliarlo dos tallas completas.

—¿Cómo diablos logró quitárselo del dedo? —me preguntó confundida.

—Lo desatornillé con un desarmador mental —le respondí.

—Ah, ya veo —dijo.

¿Por qué funciona?

Tu mente no reconoce la diferencia entre lo que sucede en la realidad y lo que imaginas con intensidad emocional. Eso influye directamente y tiene un efecto preciso en tu cuerpo.

6. Cambia lo que quieras en tu vida de la manera más rápida posible

La forma más rápida de cambiar algo en tu vida es comportarte como si dicho cambio ya hubiera ocurrido. El nombre de esta técnica es "Como si".

Retomemos el ejemplo de la memoria en el que determinamos si se puede elegir o no tener una memoria fantástica. La pregunta es cómo podemos pasar de no recordar las cosas a poder retenerlas sin problema.

La manera más rápida de tener una buena memoria es comportarte "como si" la tuya fuera estupenda. Es decir, debes decidir que tienes una memoria maravillosa, pero involucrando toda tu mente, tus sentimientos y tus creencias. Cabe señalar que este método funciona para todo.

- El ego se conduce de la siguiente manera: conseguir → hacer → ser. "Si pudiera conseguir otra cosa, algo más, entonces podría hacer las cosas de un modo distinto, sería feliz y estaría en paz. Sería yo mismo".

- En lugar de eso, el "como sí" nos permite ser → hacer → conseguir. "Me siento feliz y en paz. Soy yo y eso determina lo que hago por los demás y para mí mismo, y el resultado inmediato es que consigo lo que quiero en primer lugar.

Si te conviertes en la persona que ya eres ahora, entonces vas a hacer las cosas de un modo distinto y obtendrás resultados más rápido.

¿Por qué funciona?

El "como sí" funciona porque responde a nuestra manera de ser como humanos. Hay tres premisas básicas que refuerzan esta técnica y que hemos revisado a lo largo del libro:

1. Actuamos automáticamente siguiendo la dirección que nos dictan nuestros pensamientos dominantes.

2. Somos lo que pensamos.

3. Cuando creemos que algo es cierto, vemos el mundo de esa forma.

Te repito que nuestra mente no distingue entre lo que sucede en la realidad y lo que imaginamos con intensidad emocional. El "como sí" funciona porque de inmediato armoniza a nuestro ego y el sí mismo.

7. Haz las paces con tus padres, ya sea que sigan vivos o no

Esto es algo que tienes que hacer antes de que en verdad te conviertas en la mejor versión de quien ya eres y antes de que encuentres la paz en esta vida, que es nuestro objetivo final. Esto puede requerir que te tragues tu orgullo, que hagas a un lado tu ego y, además, mucha valentía. También debes permitir que tu madre o tu padre hagan las paces contigo. (Este proceso también funciona con los padres adoptivos).

Hacer las paces con tu padre o madre que sigue vivo

Quizá sientas que tu madre o padre no pasó suficiente tiempo contigo, que fue muy estricto, que no te expresó su amor o que estaba orgulloso de ti. Cuando somos pequeños queremos admirar a nuestros padres y que sean un ejemplo a seguir, pero por alguna razón esto no siempre es posible.

Posiblemente sentiste que tu madre, o padre, fue muy controladora. En el mejor de los casos fue sobreprotectora y en el peor, dominante. Cuando somos jóvenes, anhelamos ser independientes de nuestra madre, aunque sigamos necesitando su amor incondicional.

Sin importar lo que esté pendiente entre ustedes, debes asumir tu responsabilidad en la relación. Al hacerte responsable la situación se revierte. Porque ahora tú eres quien debe hacerse cargo de lo que sucedió y de lo esté ocurriendo en la relación. Este acto es poderoso y desafiante al mismo tiempo, y puede brindarte una sensación de paz, control y seguridad antes de hacer cualquier otra cosa.

El primer paso es que elijas el momento adecuado. El acto debe ser cara a cara y no tiene por qué ser algo grande. En lugar de eso, cuando estén a solas hablando de cosas cotidianas, puedes hacer una pausa natural y decir lo siguiente: "Papá / mamá, aprovechando este momento a solas, quiero darte las gracias".

Él o ella te responderá algo como: "¿Por qué?". Deja que te digan lo que quieran, pues esto los involucrará más en la conversación. Presta muchísima atención a cada palabra que te digan. Recuerda que esta puede ser tu única oportunidad.

Cuando haya un silencio, déjalo flotar en el aire unos segundos.

Después puedes decir: "Gracias por [lo que hiciste para educarme, cuando…]". (Necesitas decirlo con tus propias palabras. Lo importante es señalar algo general del papel que tuvieron en tu crianza, seguido de un momento específico que lo ilustre). Después de dar tu ejemplo, detente.

Puede que su reacción sea de sorpresa o vergüenza, quizá se muestren receptivos, o quizá su respuesta sea una mezcla de las tres. La reacción más probable será que nieguen haber tenido un papel tan importante o se lamenten por no haber hecho más, por haberlo hecho mejor o de un modo distinto. De nuevo, déjalos hablar, que digan su verdad y recíbela. No juzgues, solo escucha. Ahora se trata de que ellos encuentren la paz tanto como tú.

Cualquiera que sea la respuesta, acércate a tu mamá o papá, míralo a los ojos y dile: "Me educaste de la mejor forma que pudiste y te quiero dar las gracias por eso".

Después de una pausa y, si lo consideras apropiado, toca su mano y sostenla entre las tuyas. Luego dile "te amo" con un tono cariñoso y sin esperar una respuesta.

Independientemente de su respuesta, lo más seguro es que sea positiva, proyecta amor incondicional a él o a ella en tu mente. Después, si lo consideras adecuado, abrácense, tómense de las manos o mírense a los ojos.

DEJA QUE LOS SENTIMIENTOS DE PAZ, AMOR Y CALMA FLUYAN A TRAVÉS DE TI Y DISFRUTA VOLVER A CONECTARTE CON ESE PADRE QUE JUGÓ UN PAPEL TAN IMPORTANTE AL TRAERTE A ESTE MUNDO Y CRIARTE.

Busca estar absolutamente presente y justo en el momento. La sensación que tengas será tu guía para saber cómo van las cosas. Ya te darás cuenta.

Luego ofrécete a preparar un té o haz otra cosa para cambiar la situación.

Tus padres no vivirán para siempre ni tú tampoco. Por favor, hazlo antes de que sea demasiado tarde. En la siguiente página te describo mi experiencia.

Momento de reflexionar

Durante años me quejé de que mi padre controlaba mis expectativas cuando era chico. Me quejaba de que rara vez, puede que nunca, me dijo que me quería y, por supuesto, de que jamás había expresado que se sentía orgulloso de mí.

Un día le dije a Rosalind, mi esposa, que mi padre nunca me había dicho que me amaba. Su respuesta me dejó pasmado y me hizo actuar. Sus palabras fueron: "¿Cuántas veces le has dicho tú que lo amas?".

Acordé con él que visitaríamos el distrito de los Lagos para pasear el fin de semana. Nos encontramos el viernes por la noche y fuimos a cenar. El restaurante estaba muy lleno, pero no importó y conversamos acerca de la familia, los paseos y de todo un poco. Luego le dije:

—Papá, quería darte las gracias.

—¿Por qué? —me respondió.

—Por haberme llevado a mi primer partido de fútbol —le contesté.

Nos echamos a reír. El primer partido al que fuimos fue un encuentro aburrido y pesado, sin goles, que terminó en empate y casi hizo que me alejara de ese deporte para siempre. Después de recordarlo y de que se instaló un silencio acogedor entre nosotros, le dije:

—Papá, estoy muy agradecido por todo lo que has hecho por mí y la forma en que me educaste. Creo que no te lo había dicho antes.

Su respuesta fue recargarse en el respaldo de la silla, porque creo que se sintió un poco nervioso, sorprendido y avergonzado. Me dijo algo como:

—Oh, no tienes nada que agradecer —y luego comenzó a ver el menú.

Escuché la voz del ego en mi cabeza pidiéndome que me detuviera. Le agradecí en silencio y, después, con toda calma, le quité a mi papá el menú de las manos y coloqué mis manos en las suyas.

—Creo que lo que en realidad intento decirte, muy torpemente, es que te amo, papá. Siempre lo he hecho y siempre lo haré.

No hay palabras en el diccionario o en cualquier idioma del mundo que describan el sentimiento de sentirse conectado, redimido y amado.

—Esos sentimientos son plenamente correspondidos —me susurró después.

Hice una pausa un momento, ya que esas no eran exactamente las palabras que esperaba escuchar. ¿O sí lo eran? ¡Claro que sí! Lo que quiso decirme, lo que traduje de sus palabras y lo que en el fondo sentía eran precisamente lo que yo le había dicho.

A partir de ese momento hice las paces con mi padre.

Algunos años después hice las paces con mi mamá, cuando empezó a presentar signos de demencia. Por favor, no tardes tanto como yo.

Hacer las paces con tu padre o madre que murió

Sigue el mismo proceso, como si aún viviera, pero esta vez hazlo en tu mente. Imagina en tiempo real los diálogos de ambos y a tu padre o madre sentado frente a ti. Recuerda que tu propósito es que ambos hagan las paces.

TU MENTE NO DISTINGUE ENTRE LO QUE SUCEDE EN LA REALIDAD Y LO QUE IMAGINAS CON INTENSIDAD EMOCIONAL. PARA TU MENTE, ESTO SERÁ REAL.

Empieza haciendo lo mismo que en la sección anterior.

1. Encuentra un lugar tranquilo para relajarte y estar en paz. Imagina que te cubre una cortina o una capa morada. Busca que sea de un color morado oscuro y que la capa sea larga y amplia, y deja que fluya sobre ti. Respira, relájate y cierra los ojos.

2. Ahora deja que la imagen y los recuerdos de tu papá o mamá lleguen a tu mente. Saluda con una cariñosa sonrisa cuando aparezca, míralo a los ojos. Él o ella está a cierta distancia de ti, casi como si estuvieras viendo una pantalla de cine.

172

3. Tu mamá o tu papá te sonríe con un gesto de cariño, amor y alegría, maravillado de poder verte otra vez, como si te extrañara mucho y estuviera muy agradecido de tener la oportunidad de saludarte, de enmendar cualquier error y de estar contigo.

4. Ahora observa cómo tu papá o mamá sale de la pantalla de cine, entra a la sala en la que estás sentado y lentamente camina hacia ti.

5. Después se sienta a tu lado y te ve a los ojos con una mirada entrañable y de absoluto amor incondicional, entonces toma tus manos entre las suyas.

6. Mientras se desarrolla la escena, di en voz alta o en tu mente: "Gracias". Luego deja que los eventos sigan su curso, pues todo está bien. Siempre está bien. Siempre ha sido así, lo es en este momento y lo seguirá siendo. Después quédense juntos todo el tiempo que quieran.

7. Ahora respira hondo. Estás relajado y totalmente imbuido en este momento, que puedes dejar transcurrir el tiempo que tú quieras.

8. Cuando estés listo, despídete con un abrazo y deja que tu mamá o papá entre de nuevo a la pantalla y se aleje caminando. Lo ves detenerse, voltear hacia ti y hacer un gesto con la mano. No es una despedida sino un gesto amoroso que refleja los buenos momentos que compartieron y con el que pareciera decirte que nunca muere quien sigue vivo en el corazón de alguien.

9. Ahora, imagínate haciendo cualquier cosa que se te antoje en este instante. Cuando te sientas listo, dirígete las siguientes palabras con absoluto amor: "Me permito que el momento sea lo que es". Esto aplica para este momento y para todos los que vengan en el futuro, seas quien seas, estés donde estés y en el instante que sea.

Y AHORA
ESTÁS BIEN.

VERDAD 8

PUEDES IR AÚN MÁS PROFUNDO

Te voy a pedir que observes la palabra en la siguiente página. Quiero que verdaderamente la veas, te enfoques en ella y le prestes toda tu atención. Si mientras lo haces algún pensamiento distractor entra en tu cabeza, dale la bienvenida y verás que pronto se disuelve y desaparece, permitiéndote darle toda tu atención a la palabra.

Mientras la observas, por favor imagina que solo existen dos cosas en estos momentos: tú y la palabra. Al verla durante algunos segundos, quizá notes que se vuelve tan importante que tu vista solo se concentra en ella, al grado que tu visión periférica queda algo borrosa. Y eso está bien.

Por favor, obsérvala ahora.

DETENTE

AHORA QUE ESTÁS
DE VUELTA Y LEES
ESTAS LÍNEAS
QUIZÁ NOTES QUE,
AUNQUE DEJASTE
ATRÁS LA PALABRA,
SU SIGNIFICADO
CONTINÚA
DENTRO DE TI Y
TE CONDUCE A UN
LUGAR DE MAYOR
CALMA, QUIETUD Y
RELAJACIÓN.

Actividad:

Relajación profunda

Enfoca tu atención en tu hombro izquierdo y nota cómo, al hacerlo, este comienza a relajarse. La sensación es de mayor suavidad, ligereza, poco a poco sientes que esta parte de tu cuerpo se integra mejor a ti. Es extraño que concentrarte en un lugar específico de tu cuerpo provoque que automáticamente se incorpore mejor a la totalidad que eres y que solo eso te mantenga más alerta, relajado, sano y en calma. Si quieres ampliar esta sensación a todo tu cuerpo, solo debes enfocar tu atención en una parte de tu ser y de ti mismo.

1. Por favor, invierte 30 segundos en cada parte de tu cuerpo, puede ser más si has tenido problemas últimamente (lesiones, molestias o dolores). Profundizar tu atención puede ayudarte a reducir las molestias que hayas tenido. Y a medida que desplazas tu mente por los rincones de tu cuerpo, vas a darte cuenta de cómo cada parte en la que te enfocas produce una onda de energía, bienestar y relajación que florece a su paso.

2. Ahora concéntrate en:
tu hombro derecho...
tu hombro izquierdo...

tu pie derecho…
tu pie izquierdo…
tu rodilla derecha…
tu rodilla izquierda.

3. Ahora haz lo mismo con tus dedos, uno por uno. Empieza por el meñique de cada mano, que es un dedo al que quizá no le has prestado mucho tiempo ni atención. Ahora eres consciente de él, igual que después vas a notar cada dedo sucesivamente.

Puedes apreciar aquí y ahora la calidad de relajación que estás experimentando. Es una experiencia que parece calmarte y conducirte a niveles aún más profundos.

Ir al centro de tu ser

A continuación, comenzaremos un viaje mental, físico y espiritual al centro mismo de tu ser.

Dicho centro tiene muchos nombres. En pilates le llaman núcleo, centro de gravedad en artes marciales y *hara* o *tanden* en japonés. Es un punto físico e imaginario, el lugar que señalan casi la mayoría de las técnicas de relajación. Los anteriores son algunos de los nombres que le dan alrededor del mundo. Pero tú decides cómo llamarlo en privado, en lo más profundo de ti mismo. Aquí lo voy a nombrar como "tu centro". Se trata de un lugar de paz, poder y perfección que conecta tu mente, cuerpo y espíritu.

Tu centro te permite encontrar tranquilidad, paz y calma en tu interior, en medio del bullicio de tu vida. Te ayuda a experimentar una sensación única de armonía con el universo. Su función es servirnos, y vaya que lo hace, pues esa es su misión. Te ayudará a lo largo de tu vida, siempre que así lo decidas.

LO ÚNICO QUE HACE TU CENTRO EN LA VIDA ES ESPERAR. AGUARDA PACIENTEMENTE A QUE CONFÍES EN TI Y SEAS TÚ MISMO.

Y como ahora te encuentras en ese camino, yo seré el guía en quien puedes confiar.

Si has estado en tu centro antes, puede que estés ansioso de volver a experimentar esas sensaciones de absoluta paz.

Y si no, puede que la idea de tener por primera vez un espacio privado de paz haga que la emoción se desborde en ti.

Actividad:

Ir a tu centro

1. Coloca tu dedo índice en tu ombligo y mantenlo ahí. Luego extiende tu otra mano y colócala en tu estómago, debajo de tu dedo. El borde superior de la mano debe tocar la parte inferior del dedo índice.

2. Ahora quita tu dedo del ombligo y úsalo para ubicar el centro de la mano que está sobre tu estómago. Imagina un lugar alineado con el punto que señala tu dedo y que se localiza en el interior de tu cuerpo, justo en el centro. Por esta razón lo llamamos el centro de tu mente, cuerpo y espíritu: tu centro.

3. Antes de llegar a él, primero inhala hondo y al exhalar, relájate completamente.

4. Dale las gracias a la voz de tu ego y permite que se vaya en silencio. Está bien si le toma un poco más de tiempo quedarse callada.

5. Recuerda que puedes pensar todo lo que se te ocurra. De hecho, recibe y ama todos y cada uno de los pensamientos que lleguen a tu mente.

Cuando percibas tu aliento, te darás cuenta de que el sí mismo es quien ha estado respirando por ti todo este tiempo. Es muy probable que la sola idea, pensarlo y saberlo, te ayude a relajarte aún más.

Ahora enfoca tu atención en la palabra de la próxima página. Mientras la lees y asimilas su sentido, cuenta mentalmente de diez a cero. Cuando combinas una palabra tan visual como esta con una actividad mental como contar hacia atrás, tu "amigo espiritual, eterno y amoroso" tomará el control, con el permiso de tu "agente y guía de la realidad".

SERENIDAD

PRONTO EL SILENCIO
YA NO SERÁ
SOLO UNA LEYENDA,
PORQUE HABRÁ
ENTRADO EN TU VIDA.

DE ESTE MODO EL
SILENCIO SE IMPONE
AL BULLICIO DE
LOS TELÉFONOS, AL
PARLOTEO Y AL RUIDO
INCESANTE.
ESTÁ BIEN,
AGRADÉCELO.

Actividad:

El camino a la paz

Ahora vamos a aventurarnos por el camino de la paz, pero solo al nivel del ego, pues en la Verdad 9 encontraremos la paz absoluta.

1. Coloca una mano extendida sobre tu centro, igual que hiciste antes. Percibe las sensaciones de calidez, calma y balance que experimentes.

2. Inhala profundamente y, al exhalar, relájate por completo.

3. Ahora recuerda a una persona o una situación difícil. Cuando lo hayas hecho, pon un dedo de tu mano libre en medio de tu frente. Ahí se ubica el pensamiento.

4. Reflexiona un momento qué te hace sentir esa situación, problema o dificultad. Probablemente te despierta un sentimiento o una respuesta que no te ayuda a resolverla.

5. Empieza a mover lentamente tu dedo hacia abajo y, mientras lo haces, imagina que ese sentimiento improductivo también desciende con él.

6. Conforme realizas el recorrido, abarcando tu mente, cuerpo y espíritu, tus sentimientos están por transformarse.

7. Sigue mentalmente todo el camino de tu dedo hasta abajo, hasta que llegue a tu otra mano, que sigue extendida sobre tu centro.

8. En cuanto tu dedo toque la mano que está protegiendo tu centro, vas a empezar a experimentar tal sensación de calidez, calma y energía positiva que no vas a tener palabras para describirla. Es una sensación maravillosa que amplía tu fuerza cada vez que respiras.

¿Por qué no habría de ser así de sorprendente? Al fin y al cabo, se trata de ti, de tu centro, del centro que siempre ha estado ahí y continuará en ese sitio, igual que ahora. Mientras lees esto, puede que esas sensaciones extraordinarias de relajación, confianza y equilibrio se dupliquen al instante. Y ahora mismo se vuelven a duplicar.

Estás regresando a ti, a tu ser, al que alguna vez fuiste y al que siempre serás. Al ser que eres ahora mismo. Ya regresaste a donde siempre habías estado y tal vez sientas que una bocanada de confianza pasa a través de ti.

¿Y por qué no habría de ser así? Se trata de un lugar que ya conoces. Recuerda este lugar en el que siempre has estado. Regresaste y, sobre todo, por fin estás en el sitio de paz natural y perfecta que hay en tu ser: en ti.

Ahora es momento de unirlo todo.

El próximo capítulo, la verdad 9, cierra el libro. Es el final de tu viaje de regreso a casa, de vuelta a donde alguna vez estuviste, adonde siempre has estado y, quizá sin haberlo notado, de regreso a ti. El siguiente apartado reúne todas las verdades y combina todo lo que he escrito, lo que has leído y lo que ha sucedido en nuestra vida (la tuya y la mía) en un punto concreto.

La verdad 9 por fin te llevará de vuelta adonde siempre has anhelado estar: a ti. Te regresará a ser quien eres.

Es algo poderoso y los resultados son sorprendentes. ¿Estás listo?

VERDAD 9

DEPENDE DE TI

Hasta ahora, estas son las verdades descritas en el libro:

- **Verdad 1:** el éxito nunca ocurre por accidente, siempre es una elección.

- **Verdad 2:** no hay nada "malo" en ti.

- **Verdad 3:** recibes amor incondicional cuando tú también lo das.

- **Verdad 4:** tu vida tiene el sentido que eliges darle.

- **Verdad 5:** silencia la voz de tu ego diciéndole "gracias".

- **Verdad 6:** lo que haces se basa en las decisiones que tomas y en tu autoestima para buscar el placer o alejarte del dolor.

- **Verdad 7:** tus miedos imaginarios necesitan soluciones imaginarias y los cambios reales en tu vida requieren soluciones reales.

- **Verdad 8:** el viaje al centro de tu ser es aún más profundo.

Todo lo que has leído te ha traído a este momento y a las siguientes dos conclusiones.

1. Es imposible que experimentes algo distinto a lo que conociste de forma natural el día en que naciste si no aceptas, recibes y permites que ese sentimiento entre en ti con total esperanza, calidez y amor.

2. Sin duda experimentarás algo que conociste naturalmente el día en que naciste si aceptas, recibes y permites que ese sentimiento entre en ti con total esperanza, calidez y amor.

Es el fin de... No, hay que ser más precisos... es el regreso. Es cuando tú regresas a ser tú mismo.

Pero ¿cómo lograr conjugar en esta realidad, o en cualquier otra que visites, todas las verdades de este libro en una sola para que descubras quién eres en verdad, para que finalmente te "encuentres" a ti mismo?

La respuesta tiene que ser sencilla. Debe ser memorable, poderosa y práctica, y también debe funcionar de inmediato.

LA RESPUESTA SE ENCUENTRA EN NUEVE SENCILLAS PALABRAS.

Esas nueve mágicas palabras van a:

- Hacer que pases de la guerra a la paz.

- Tu nacimiento fue un milagro y hoy lo sigue siendo. Hacer que pases del conflicto, tanto interno como externo, a la calma absoluta.

- Hacer que dejes de vivir en el pasado o en el futuro y que habites el presente.

Te presento las palabras en la próxima página, ya que merecen esa extensión para ellas solas. Por favor, léelas y vuelve a leerlas, una y otra vez, varias veces.

D e s p a c i o.

Y mientras las lees y enfocas tu atención en ellas, en los espacios que las separan y aun en la pequeña coma tan importante, vas a asimilar cada letra, cada palabra e incluso cada pausa que hay entre ellas. Al hacerlo, quizá notes que te inunda una profunda sensación de paz. Esto puede ocurrir de inmediato o tal vez requiera un poco más de tiempo. Recuerda que aquello en lo que te concentras se vuelve realidad. Quizá sea suficiente con una lectura para experimentar esa sensación de silencio, relajación y calma que se extiende fuera y dentro de ti. Puede que termines preguntándote cómo es que esas nueve palabras te provocan tantas sensaciones. Puede que acabes aclarando tu mente, o tal vez te sientas casi vacío. O simplemente te puedes encontrar a ti mismo.

CUANDO AMAS
LAS COSAS COMO
SON, LA GUERRA
TERMINA.

Cuando amas las cosas como son, la guerra termina

Esa es la respuesta. O para ser más precisos, esas palabras son la respuesta. O para ser incluso más exactos, la respuesta eres tú.

Recuerda que no hay nada que "arreglar". Nadie puede arreglarte porque nunca ha habido algo "mal" en ti. Ni tampoco es que seas un producto "acabado", porque no eres un objeto. Sin embargo, regresaste al inicio.

TU NACIMIENTO FUE UN MILAGRO Y HOY LO SIGUE SIENDO.

Desde ese día increíble ya contabas con todo lo necesario para conseguir cualquier cosa que tú quisieras, tal como ocurre hoy. Ahora mismo.

Te tomó nueves meses nacer. Y bastan nueve palabras para llevarte de regreso a ese lugar de calma y bienestar que tal vez no has experimentado en años. Incluso, puede que haya pasado tanto tiempo que ni siquiera lo recuerdas. En un mundo repleto de libros de supuesta "autoayuda" y temas "holísticos", ¿sería posible, en serio sería posible, que toda la angustia que esa infinidad de libros pretende resolver se pueda eliminar con solo nueve palabras?

Miles de millones de palabras impresas en millones de libros escritos por miles de autores se condensan en una sola oración:

CUANDO AMAS LAS COSAS COMO SON, LA GUERRA TERMINA.

Cuando leas de nuevo estas palabras, a una velocidad que te resulte cómoda, puede que tu respiración y los latidos de tu corazón se vuelvan más lentos. Estos cambios suceden sin que te esfuerces, ocurren fácilmente y en automático. Cuando dejas ir tus conflictos y abres tu corazón al poder de las cosas, logras parar y estar en paz y en sintonía con el momento presente. El ahora es el comienzo y el final de tu recorrido emocional, espiritual y de autoayuda. Todo empieza y termina donde iniciaste: en ti mismo, tal como eres.

¿Por qué son tan poderosas estas palabras?

Ya señalamos que no hay "correcto" o "incorrecto". Solo hay cosas que funcionan o no, que te benefician o te perjudican. En otras palabras, lo funcional es aquello que te acerca a tu objetivo. En contraste, lo que no te sirve solo te aleja de lo que quieres lograr.

Durante los últimos 20 años me he obsesionado con encontrar formas que le resulten útiles a todos los seres humanos, no importa el país o la cultura a la que pertenezcan ni las creencias que tengan, que les exijan un esfuerzo mínimo y les brinden resultados inmediatos con efectos duraderos. Tras haber observado, descubierto y aplicado estas técnicas, decidí ponerlas a prueba científicamente guiándome por la pregunta: "¿Funcionarán siempre para un gran número de personas?". La prueba no consistía en saber si daban resultado en teoría o en las publicaciones académicas, sino en la vida real.

¿Sí o no?

Si funcionan, funcionan.

Y así fue.

La premisa general de este libro es que

TÚ ERES TÚ, Y ESO ES LO ÚNICO QUE NECESITAS SER.

Estas páginas te han brindado herramientas y técnicas para ayudarte a lograrlo, las cuales se sustentan en la investigación de una gran variedad de personas: desde niños (quienes en realidad "entienden" estas cosas) hasta académicos de una enorme reputación.

Si algo, lo que sea, te "funciona" en cualquier área de tu vida, entonces debes hacerlo y ser constante, siempre que no le hagas daño a nadie. Y cuando verdaderamente eres tú, no vas a querer lastimar a nadie, nunca más.

Es una cuestión de sentido común, en un mundo en el que de hecho no es tan común que algo tenga sentido.

Hasta ahora, está claro.

Recuerda, si funciona, funciona.

Pero si no es así, entonces haz otra cosa y sigue probando distintas conductas hasta que algo funcione.

Tal vez los estudiosos consideren que esto es "simplista", pero da igual, pues lo único que importa es si a ti te funciona o no. Y funciona. Tiene que hacerlo. Porque, con el debido respeto a ti y al resto de la humanidad, nos encanta, necesitamos y deseamos que las cosas sean simples.

¿Cómo puedes aplicar estas palabras a cualquier suceso, experiencia o eventualidad que ocurra en tu vida? Cuando te explique cómo utilizarlas, todo va a confluir para responder la pregunta más importante de todas:

¿Quién eres en realidad?

Actividad:

Elimina cualquier pensamiento, sentimiento o emoción que no quieras

Este sencillo ejercicio se parece al que usamos para silenciar la voz de tu ego en la verdad 5, pero apunta más profundo... Cada que tengas un pensamiento, sentimiento o emoción que no quieras, debes dejarlo entrar a tu cabeza y recibirlo, debes darle permiso absoluto e incondicional. Para lograrlo, haz lo siguiente.

1. Recuerda una experiencia del pasado que te haya hecho sentir molesto, preocupado, con miedo o enojado, o cualquier otro sentimiento que no querías. Recuerda un momento, un lugar o un acontecimiento en el que hayas tenido un sentimiento que no querías. Vuelve a ver lo que viste entonces, escucha los sonidos que oíste y percibe de nuevo aquellas sensaciones.

2. Tómate unos minutos para hacerlo.

3. Ahora que lo recreaste, califica su intensidad en una escala del 0 al 10, en donde 10 es lo más desagradable que hayas experimentado y 0 un estado de dicha perfecta, parecida a la calma del zen.

4. Ponle un nombre general a ese sentimiento, por ejemplo: "preocupación". Pero si ese nombre no te funciona, sustitúyelo con la(s) palabra(s) negativa(s) que elijas cuando leas "preocupación", por ejemplo: "estrés" o "estar enojado".

5. Ahora repite en silencio, con amor y calma, y permitiendo que ocurra lo que sea: "Me permito estar preocupado".

6. Califica la intensidad del sentimiento que tuviste en una escala del 0 al 10, donde 10 es lo más fuerte y desagradable que has experimentado y 0 un estado de dicha perfecta, parecida a la calma del zen.

7. ¿Qué tan raro te pareció lo que acabas de vivir?

8. Antes de que comentemos lo que acaba de suceder, ve y siéntate en un lugar donde puedas relajarte y entregarte totalmente a lo que venga a continuación. Recuerda que todo va a estar bien.

9. Por favor, vuelve a decirte en silencio, con amor y calma, y permitiendo que ocurra lo que sea: "Me permito estar preocupado".

10. Esta vez di: "¡Vamos, preocupación, quiero preocuparme más! ¿A eso le llamas preocupación? ¡Vamos, quiero más, más, más!".

Ahora no podrás preocuparte ni aunque tu vida dependa de ello.

¿Qué acaba de suceder?

Como ya te habrás dado cuenta, solo naces con dos miedos: a caerte y a los ruidos fuertes. Eso significa que solo tienes dos temores "naturales" que forman parte innata de ti. Aunque lo más probable es que ya los superaste, vayamos al día en que naciste, cuando solo tenías ambos miedos.

Cuando experimentas un sentimiento que no quieres, como la preocupación, y deseas que se vaya, la táctica más común que solemos utilizar es luchar contra él. Sin embargo, como ya nos enteramos en la verdad 5, eso no funciona. De hecho, tiene el efecto contrario, pues en realidad le da más fuerza al sentimiento que querías eliminar y aumenta el control que tiene sobre ti.

La mayor ironía es que la estrategia que a menudo empleamos para tratar de acabar con nuestros miedos, preocupaciones y emociones negativas resulta ser la principal razón por la que todo eso existe en primer lugar.

Recuerda que es imposible que experimentes algo que no conocías naturalmente el día en que naciste, a menos que aceptes, recibas y permitas que ese sentimiento entre en ti con plena esperanza, calidez y amor.

Así que cuando dejes que entre en ti cualquier sentimiento que no tenías el día en que naciste y le des tu completo permiso, deseo y amor, dicho sentimiento no tendrá adónde ir, por lo cual lo único que hará será entrar, disolverse y desaparecer. Para ser más específicos, sucederá lo mismo que en la verdad anterior: el sentimiento se abrirá paso en tu cabeza, descenderá por tu garganta y tu cuello hasta llegar al centro mismo de tu ser, a tu centro, donde se consumirá, disolverá y, finalmente, se irá.

No tiene nada más qué hacer, ya que no es una emoción innata en ti. De inmediato, tu centro hará un diagnóstico y se preguntará: "¿Este sentimiento es natural, formaba parte de mí desde que nací?".

Con los sentimientos inútiles, se responde a sí mismo que "no". Y como no tiene salida, te abandona y, en efecto, puedes sentir cómo sale de ti. De hecho, termina consumiéndose por su cuenta, se disuelve y desaparece.

Quizá en este preciso instante estés eligiendo no seguir siendo víctima de ningún pensamiento, sentimiento u opinión negativa como lo eras antes. Porque cuando le abres con gusto la puerta de tu mente esos pensamientos, ya no tienen a donde ir. Y de esa forma se consumen solos, se disuelven y desaparecen de la manera más sencilla, delicada y mágica, como si fueran letras que dibujas con el dedo en el agua.

Actividad:

¿Cómo crecer y fortalecer un pensamiento, sentimiento o emoción que sí quieres?

Cada que tengas un pensamiento, sentimiento o emoción que deseas, deja que entre a tu cabeza y recíbelo con permiso absoluto e incondicional. Después haz lo siguiente:

1. Recuerda una experiencia que en el pasado te haya hecho sentir eufórico, en calma, seguro, inspirado o que te haya provocado algún otro sentimiento deseable. Recuerda un momento, un lugar o un suceso en el que hayas experimentado ese sentimiento y vuelve a ver lo que viste entonces, escucha los sonidos que oíste y percibe de nuevo aquellas sensaciones.

2. Tómate unos minutos para hacerlo.

3. Ahora que has recreado ese sentimiento, califica su intensidad en una escala del 0 al 10, en donde el 10 es lo más fuerte y placentero y 0 es un estado de temor.

4. Ponle un nombre general a ese sentimiento, como "feliz". Pero si ese nombre no te funciona, sustitúyelo con la palabra positiva que elijas cada que leas "feliz".

5. Ahora repite en silencio, con amor y calma, y permitiendo que ocurra lo que sea: "Me permito ser feliz".

6. Califica de nuevo la intensidad de tu sentimiento positivo tras decir lo anterior en una escala del 0 al 10, en donde 10 es lo más fuerte y placentero, y 0 es un estado de temor.

7. Por favor, vuelve a decirte en silencio, con amor y calma, y permitiendo que ocurra lo que sea: "Me permito ser feliz".

En esta ocasión repite: "Me permito estar aquí, en el momento presente". Se trata del permiso más valiente y hermoso que puedes darte en la vida para atreverte a soñar y merecer ser tú mismo: "Me permito ser yo mismo". Pero, por favor, no te encierres en ti.

¿Qué acaba de suceder?

El día en que naciste estabas lleno de alegría, gusto, gozo, dicha, éxtasis, seguridad, confianza, fe y felicidad. Eras feliz y puedes serlo de nuevo. Puedes experimentar cualquiera de los sentimientos que viviste al nacer, solo basta con dejarlos entrar.

Recuerda que sin duda vas a experimentar algo que conocías naturalmente el día en que naciste, siempre que aceptes, recibas y permitas que ese sentimiento entre en ti con total esperanza, calidez y amor.

En esta ocasión, el sentimiento nace en tu centro y se extiende como un brillo y una corriente cálida. Como el agua deliciosa que corre en una ducha bien caliente, fluye alrededor de tu cuerpo y llega a cada rincón de tu mente, cuerpo y espíritu. Y mientras te envuelve, se fortalece.

La regla de oro de la paz

Acepta y permite que entre cualquier deseo y sentimiento que tengas. Que pase cualquier pensamiento, idea y emoción.

Si es un sentimiento que no tuviste al nacer, que no te ayuda o es inútil, viajará a tu cabeza, descenderá por tu cuerpo y llegará a tu centro, donde terminará consumiéndose solo, se disolverá y desaparecerá.

En cambio, si es un sentimiento que tuviste el día en que llegaste al mundo, que te ayuda y es útil, va a surgir de tu centro y se extenderá por todo tu cuerpo, templando, sanando e inspirando cada parte de tu ser.

Y VA A PERMANECER EN TI EL TIEMPO QUE TÚ DECIDAS.

En pocas palabras: va a crecer si forma una parte natural de ti. Si no, se irá.

La felicidad es querer lo que tienes

El éxito consiste en obtener lo que quieres.

En cambio, la felicidad es querer lo que tienes.

Ahí está el secreto, justo ante tus ojos. Igual que muchas de las respuestas de la vida, estaba oculta a simple vista.

La felicidad, la paz y tu respuesta (incluso me atrevo a decir que es *la respuesta*) consiste en querer lo que tienes.

Permitir que cada momento sea lo que ya es te coloca en una posición poderosa para decidir cómo vas a responder y te empodera para cambiar algo si así lo deseas.

Actividad:

La pregunta más importante de todas

1. Busca un espacio tranquilo, que sea de tus lugares favoritos. No lo imagines, tiene que ser real.

2. Siéntate, relájate y quédate quieto.

3. Dale las "gracias" a tu voz interna para silenciarla.

4. Te adelanto que lo que estás a punto de hacer está bien. A continuación, cierra los ojos con delicadeza, lentamente y lleno de esperanza, y luego pregúntate: "¿Quién soy y por qué estoy aquí?".

5. Abre los ojos.

6. Después olvida la pregunta. La razón de este paso es que cuando dejas de preguntar, la respuesta llegará sola.

7. Espera a que llegue.

Busca estar atento a las señales que te da la vida. A tu alrededor van a ocurrir cosas que te ayudarán, la gente y los acontecimientos tendrán un nuevo significado. Lo que te rodea se va a sincronizar contigo.

La sincronicidad es una "coincidencia significativa", como cuando estás por llamarle por teléfono a alguien y la persona te marca antes. La cuestión con la sincronicidad es que debes creer en ella para que suceda. Otro rasgo que la hace tan distinta de la coincidencia es el siguiente: la sincronicidad provoca que te pongas en movimiento, que tengas que actuar.

El mayor misterio de la vida es quién eres en realidad.

Ahora le corresponde a la vida mostrarte y compartir esa respuesta contigo. Debes estar alerta, ya que la solución puede llegar de cualquier lado y cuando menos lo esperes.

Y cuando aparezca, haz algo al respecto.

Si le brindas tu absoluta y total atención a toda la gente y a todo cuanto sucede a tu alrededor, podrás experimentar las respuestas a tus preguntas más importantes como si ya las conocieras. La vida siempre te indicará el camino como si fueran pequeñas burbujas que te relajan, que flotan en tu mente y calman tus pensamientos, de forma muy similar a como estás experimentando estas palabras.

La vida sabe quién eres y por qué estás en este mundo, y por eso te ayudará a encontrar la respuesta a esas grandes preguntas. Conoce la razón de que hayas nacido y la existencia que viniste a vivir.

ES UNA VIDA EN LA QUE NO GANAS NI PIERDES, SOLO VIVES.

Tú y nadie más.

Todos recibimos una vida, un turno, una oportunidad. Y cuando ella se descubra ante ti, entonces sabrás quién eres y por qué estás aquí, y serás tú mismo.

Solo se trata de ser. Y cuando actúas en consecuencia es como si estuvieras viajando por tu mente en este momento, siguiendo tu camino, tu trayecto, tu aventura de regreso al origen, a donde siempre has sido quien eres. Vuelves a ese lugar maravilloso, fantástico y acogedor que ahora puedes recordar, recuperar y regresar.

Es un sitio donde puedes ser quien verdaderamente eres.

Aquí y ahora.

En este instante.

Imagina que no pudieras fallar

¿Qué harías?
¿A dónde irías?
¿Quién serías?
Imagina que sencillamente no pudieras fallar:

- ¿Qué harías? Lo que fuera.

- ¿A dónde irías? A donde quisieras.

- ¿Quién serías? En pocas palabras, elegirías ser **tú.**

Porque esto es lo único que necesitas ser. Lo que buscas, ya lo eres. Eres todo lo que fuiste desde el día de tu nacimiento, lo que eres hoy y lo que serás cada día de ahora en adelante.

Puede que a veces te hayas sentido un poco perdido en la vida.

Pero ya no más.

Estás aquí y ahora.

Te encontraste.

BIENVENIDO
A CASA.

TODO EMPIEZA Y TERMINA DONDE INICIASTE: EN TI MISMO, TAL COMO ERES.

AGRADECIMIENTOS

A mi familia.

A Rosalind, por el apoyo, el amor y, claro, por sus observaciones.

A Anthony, por la corrección inicial, y a Olivia, por ser mi asesora general y por el patinaje.

A Tina Barnard, Sally Hodgkins y Judith Sergeant, por sus comentarios.

A Lou Rose, por los pilates y por asesorarme en cuestiones del *hara*, el núcleo y el centro.

Al profesor Colin Turner. En su libro *Shooting the Monkey* descubrí los términos "amigo espiritual, eterno y amoroso" y "agente y guía de la realidad". Él considera que ambas expresiones ya fueron incorporadas al lenguaje cotidiano, sin embargo, quería agradecerte, Colin.

Si utilicé alguna frase, cita o cualquier otra cosa que creas que te pertenece, por favor, házmelo saber y lo corregiré en una próxima edición.

Un enorme agradecimiento a Iain Campbell y a Jonathan Shipley, del sello editorial John Murray Learning.

Y, sobre todo, gracias a ti por haber leído hasta aquí… incluso si no lo hiciste.

¡TU OPINIÓN
ES IMPORTANTE!

Escríbenos un e-mail a

miopinion@vreditoras.com
con el título de este libro en el "Asunto".

Conócenos mejor en:

www.vreditoras.com

VREditorasMexico

VREditoras

31901066259864